CHAQUE PIÈCE, 20 CENTIMES.   THÉATRE CONTEMPORAIN ILLUSTRÉ   MICHEL LÉVY FRÈRES, ÉDITEURS
716e ET 717e LIVRAISONS.   RUE VIVIENNE, 2 BIS.

L'HOMME AUX FIGURES DE CIRE

DRAME EN CINQ ACTES ET NEUF TABLEAUX

PAR

MM. XAVIER DE MONTÉPIN ET JULES DORNAY

MUSIQUE DE M. FOSSEY

REPRÉSENTÉ POUR LA PREMIÈRE FOIS, A PARIS, SUR LE THÉATRE DE LA GAIETÉ, LE 10 OCTOBRE 1865.

DIRECTION DE M. DUMAINE

DISTRIBUTION DE LA PIÈCE

JEAN VAUBARON	MM. J.-B. DESBAYES.	UN PAYSAN........ GARNIER.
RODILLE	MANGEL.	UN POSTILLON...... COUDREY.
FRITZ HORNER	LATOUCHE.	UN HUISSIER....... EMILE.
LARIDON	PERRIN.	UN GREFFIER
M. DE PENARVAN	FERNAND.	UN GARÇON D'AUBERGE } personnages muets
PAUL VERNIER	DREUX.	MARTHE VAUBARON, 25 ans........ Mmes L. ABÉLARD.
M. BEAUDIER, huissier	HENRI.	BLANCHE VAUBARON 18 ans........ J. CLARENCE.
LE BARON DE VERVILLE	JANNIN.	BLANCHE VAUBARON 7 ans......... ADÈLE GIRARD.
ALAIN-FAUVEL	THIERRY.	PAMÉLA........ LOVELY.
UN BRIGADIER DE GENDARMERIE	MALLET.	URSULE RENAUD.......... PROTTI.
UN COMMISSAIRE	BURR.	LA MÈRE SUZANNE...... JEAULT.
GERMAIN, domestique	MAISAN.	BÉRÉNICE......... LOUISE HUBANS.
SARRIOL	GEORGES.	YVONNE servante d'auberge (personnage muet)
UN AGENT	HENICLE.	PAYSANS, PAYSANNES, GENDARMES, SOLDATS, AGENTS.
UN GENDARME	MARTINET.	

— Tous droits réservés —

AUX ARTISTES QUI VIENNENT DE JOUER
L'HOMME AUX FIGURES DE CIRE

C'est une joie pour nous, et c'est un devoir, de remercier ici publiquement la direction du théâtre de la Gaieté, en même temps que les artistes d'élite dont la brillante interprétation vient de contribuer pour une si large part au succès de l'Homme aux figures de cire.

Merci d'abord à Dumaine, le grand artiste, l'ami dévoué, le directeur hardi jusqu'à l'audace, qui ne s'est point laissé effrayer par l'étrangeté de certaines situations de notre œuvre, situations trop originales pour ne pas être effroyablement dangereuses (la scène de magnétisme du second tableau, par exemple, et le dénouement). — Dumaine est un esprit chercheur. — Le neuf l'attire et le séduit. Où d'autres, moins bien inspirés, n'auraient vu que le péril, il a pressenti la réussite, et, grâce à Dieu, son instinct dramatique ne l'a point trompé.

Merci à monsieur Émile Taigny, dont la mise en scène intelligente, mouvementée, pittoresque, donne la vie au drame et double sa valeur.

Aux artistes maintenant l'expression de toute notre reconnaissance.

J.-B. Deshayes, dans le rôle de *Jean Vaubaron*, se montre comédien incomparable. — Jamais on n'a poussé plus loin au théâtre l'émotion vraie, le naturel exquis. — Jamais on n'est arrivé à de plus grands effets par des moyens plus simples. — Les larmes que Deshayes fait couler chaque soir, et les tempêtes de bravos qu'il soulève, ont, pour lui rendre justice, une bien autre éloquence que tout ce que nous pourrions écrire.

Le rôle écrasant de *Rodille* a été pour Manuel l'occasion d'un de ces succès qui font époque dans la carrière d'un artiste. — Le brillant, l'énergie, l'autorité, rien ne manque à Manuel. — Il se montre comédien consommé, — il passionne le public, et les applaudissements qu'il recueille sont d'autant plus flatteurs qu'ils s'adressent bien évidemment à lui et non point au personnage qu'il représente.

M. Perrin fait du brocanteur *Laridon*, une création parfaitement originale, et réussit à donner au sinistre et grotesque recéleur une de ces physionomies typiques qui se gravent dans la mémoire et qu'on n'oublie plus.

M. Latouche, chargé de la lourde tâche de faire accepter au public le rôle si difficile et si dangereux du magnétiseur *Fritz Horner*, l'a fait avec une autorité toute magistrale qui ne s'est pas démentie un seul instant. (Et nous croyons ici devoir ouvrir une parenthèse pour demander à messieurs les Directeurs de province de distribuer ce rôle à un artiste d'un mérite incontestable et d'une influence reconnue. — Si le rôle était faiblement tenu, la réussite du drame serait à coup sûr compromise.)

Monsieur Fernand, lui aussi, avait une grande part de responsabilité. — Il a composé d'une façon très-remarquable le personnage de *M. de Pénarvan*, le procureur du roi, et il recueille des applaudissements mérités.

Madame Juliette Clarence est bien la touchante et gracieuse incarnation de *Blanche Vaubaron*. — Son talent et sa beauté l'ont également servie dans ce rôle qui met un fleuron de plus à la couronne de ses succès.

Madame L. Abolard joue *Martha Vaubaron*, la jeune mère, d'une façon poignante qui serre tous les cœurs et qui mouille tous les yeux. — Rien ne se peut voir de plus déchirant que la scène des adieux et de l'agonie, interprétée par elle.

Mademoiselle Lovely prête son esprit, sa beauté, son élégance, au rôle trop peu important de *Pamela*, la fausse somnambule. — Sa réussite est vive et complète.

Mademoiselle Protti — *Ursule Renaud*, — se fait remarquer par la grâce décente de son jeu et par l'habileté avec laquelle elle sauve, au troisième tableau, une situation très-tendue et très-difficile.

Que dire maintenant de la petite Adèle Girard, une comédienne de six ans, et qui n'en est pas moins une comédienne consommée. — Rien de plus naïf, et en même temps de plus accompli que cette enfant. — Si le présent peut répondre de l'avenir, elle sera certainement un jour une bien brillante étoile dramatique.

Merci donc à monsieur Henry, plein de convenance dans le personnage de *M. Baudier*. — Merci à madame Jeault, — à M. Dreux, à mademoiselle Louise Hubans, — à M. Thierry, à MM. Mallet et Janin, — à tous enfin. — Ils ont vaillamment combattu sous notre drapeau, et nous les remercions de tout notre cœur après la victoire que nous leur devons.

XAVIER DE MONTÉPIN, — JULES DORNAY.

Paris, le 14 octobre 1865.

ACTE PREMIER

Premier Tableau

Chez Laridon, brocanteur, rue du Pas-de-la-Mule. — L'intérieur du magasin; — au fond, face au public, une grande baie vitrée derrière laquelle on aperçoit les dix premières marches d'un escalier à rampe, conduisant aux étages de la maison; à droite, en pan coupé, grande porte vitrée à deux vantaux, s'ouvrant sur la rue; — à gauche, au 3e plan, une porte conduisant dans l'appartement de Laridon; au 1er plan, une caisse doublée de fer. Meubles de toutes sortes; grands dressoirs chargés des objets les plus disparates : porcelaine de Chine et de Saxe, vieilles faïences, guipures, armures, tableaux, vieux habits, robes, châles, outils de toutes les professions, bijoux, bailots, ferrailles, dans un désordre pittoresque; — à gauche, sur un vieux bureau, registres, plumes, encrier, flambeau, couteaux, fioles, pierre de touche, balances, boîtes, etc. — Siéges dépareillés. — Paris; — 1830.

SCÈNE PREMIÈRE

Au lever du rideau, il est assis à son bureau. — Un registre est ouvert devant lui. — Il prend une plume et se met à écrire.

LARIDON, seul. Voyons... quinze septembre 1830. Vendu une montre ancienne et une châtelaine Louis XVI... Trois cents... Non... Deux cents francs... C'est bien assez pour mes associés!... (A ce moment, on voit passer au fond, descendant l'escalier, la petite Blanche, suivie de Martha et de la mère Suzanne). Si je ne m'adjugeais d'avance quelques petits bénéfices, Fritz-Horner et Rodille deviendraient trop riches!... Oh; les coquins!... quelles sangsues! Mais, ça finira, s'il plaît à Dieu!... Un jour ou l'autre, j'enverrai promener l'association et je volerai tout seul! (Riant et formant son registre). Tiens!... Un jeu de mots!... parole d'honneur, je ne le cherchais pas!... (Madame Vaubaron et Blanche, qui s'étaient arrêtés en face de la porte, causant avec la mère Suzanne, disparaissent. —La mère Suzanne entre.

SCÈNE II

LARIDON, LA MÈRE SUZANNE.

LA MÈRE SUZANNE, entrant. Bonjour, monsieur Laridon!
LARIDON, bourru. Ah! vous voilà, vous, mère Suzanne; eh bien! c'est heureux!... dix heures du matin! voulez-vous de la chandelle? non! la prochaine fois, vous viendrez faire mon ménage à huit heures du soir... quand je serai couché. (Tout en parlant, il serre différents objets dans sa caisse qu'il referme à clé.)
LA MÈRE SUZANNE. Allons!... allons, ne grondez pas, monsieur Laridon... je suis en retard aujourd'hui, mais ce n'est pas ma faute... j'ai voulu mettre un peu d'ordre, ce matin, dans le logement de ces pauvres braves gens du premier...
LARIDON, se rasseyant à son bureau. Ah! les Vaubaron!
LA MÈRE SUZANNE. Malade comme elle est, la jeune femme ne s'est-elle pas mis dans la tête d'aller entendre l'office à l'église avec sa petite fille?... si ça a du bons sens!... pourra-t-elle revenir seulement? elle est si faible!...
LARIDON. Ah! oui... elle s'en va de la poitrine... c'est dommage... une jolie petite femme comme ça.
LA MÈRE SUZANNE. Et si bonne. (Elle fait un pas pour sortir, à gauche — s'arrêtant et sortant une lettre de sa poche — à Laridon.) Ah! j'oubliais!
LARIDON, se levant et descendant en scène. Quoi donc?...
LA MÈRE SUZANNE. Une lettre que notre voisine, mame Ursule Renaud, vous prie de remettre à M. Rodille.
LARIDON. C'est bon!... on fera la commission. (Il prend la lettre.)
LA MÈRE SUZANNE. J'vas faire vot'ménage. (A part.) J'vas lui bâcler ça! ça sera bientôt fait. (La mère Suzanne sort.)
LARIDON. Ah! quel heureux coquin que ce Rodille!
(Fritz Horner, qui a paru sur le seuil, entend cette dernière phrase.)

SCÈNE III

LARIDON, HORNER.

Horner est un homme grand et maigre vêtu d'un habit de velours noir, d'un gilet blanc à revers échancrés, d'une culotte collante de drap gris perle et de bottes molles montant jusqu'aux genoux... Il a des cheveux crépus et des lunettes d'or).

HORNER. Coquin!... oui... mais heureux!... pourquoi?
LARIDON. Parce qu'il a mis la main sur la poule aux œufs d'or!... Bonjour, docteur Horner! Bonjour, illustre magnétiseur!...
HORNER, lui donnant la main. Bonjour... De quelle poule aux œufs d'or parlez-vous?
LARIDON. D'une voisine, madame Ursule Renaud!
HORNER. Elle est riche?
LARIDON. Elle sera riche un jour, la commère!... riche à millions! et l'on pourra chanter la chanson. (Chantant.)
La belle Ursule a des écus
Qui ne lui content guère!
HORNER. Qu'est-ce que c'est donc que cette femme?
LARIDON. C'est la dame de confiance, vous comprenez, de confiance, d'un vieux célibataire, le baron de Verville, riche comme Crésus et qui n'a plus que le diable... une veilleuse qui s'éteint... Ursule Renaud est une fine mouche... elle a mis le grappin sur le bonhomme, elle héritera du magot et Rodille a trouvé le moyen de lui détraquer la cervelle... fameuse affaire... docteur! fameuse affaire!
HORNER. Ce que vous m'apprenez m'explique les distractions continuelles de notre associé : il est amoureux! (Rodille paraît au fond et écoute).
LARIDON. Amoureux, oui, mais des écus!
HORNER. Ah! le fait est que je le crois incapable d'aimer autre chose que l'argent!

L'HOMME AUX FIGURES DE CIRE   3

LANDON. C'est une âme sachée ; un cœur de caillou !... un grippe-maille qui nous vendrait et se voudrait lui-même pour une prise de tabac ! (bodille descend frontement.)

HONNEUR. C'est notre faute aussi !... nous lui faisons la part trop belle !...

LANDON. Faut arrêter les frais !

HONNEUR. Nous lui regrenons les griffes.

LANDON. Nous le mettrons à la portion congrue !

SCÈNE IV

Les Mêmes, RODILLE, tenue très-élégante.

RODILLE, riant et se plaçant entre eux. Bravo, mes chers associés, bravo, mes excellents amis !... il paraît que nous sommes à l'emporte-pièce, mes très-bons !

LANDON, HONNEUR. Lui !

RODILLE, d'un ton obséquieux. Nous vous attendions avec bien de l'impatience, cher Rodille.

HONNEUR, du même ton. Et en vous attendant, nous parlions de vous pour passer le temps.

RODILLE. Ah ! pardon !... J'ai bien entendu !... vous allez quelque peu maltraité !... Vor. voici, mes compères, on peut s'en rapporter à vous pour démolir un homme... la besogne est faite en conscience.

LANDON. Vous avez trop d'esprit, compère, pour prendre d'innocentes plaisanteries au sérieux !

RODILLE. Soyez paisibles, mes bons amis, je suis accommodant... je tiens seulement plus à votre argent qu'à vos sympathies !... criez tant qu'il vous plaira, chers associés !... dan... criez ! criez ! mais payez après !... (A Landon.) Les comptes sont-ils en règle ?

LANDON, allant à son comptoir, ouvrant son registre et présentant une feuille de compte à Rodille. Vous connaissez mon exactitude, voici le régisseur de la recette des opérations.

RODILLE, s'asseyant et examinant la feuille. Chacun cinq cents francs de bénéfices pour la quinzaine ; hum ! hum !... c'est maigre... je crois, Landon, que in nous volez !

LANDON, se récriant. Si on peut dire !... ah ! ce soupçon-là nui fait bien du mal !

RODILLE. Comment expliquer d'une autre manière cette diminution progressive dans le chiffre de vos profits ?...

LANDON. C'est un peu par votre faute que les bénéfices diminuent.

RODILLE. C'est par ma faute !... en quoi donc, s'il vous plaît.

LANDON. L'année dernière, vous me procuriez souvent de jolies petites occasions... il me voulait, de votre part, à la tombée de la nuit, de jeunes gens naïfs de toutes sortes de bonnes marchandises qu'ils me laissaient pour presque rien et sur lesquelles je gagnais beaucoup... (A part.) Et moi aussi (haut.) Il y avait moyen de vivoter et de faire vos affaires ; mais maintenant vous ne vous occupez plus de moi que pour vous empocher votre part ; encore ne trouvez-vous toujours trop légère !

RODILLE, je puis vous dire autant que Landon... on ne vous voit chez moi que les jours de partage ; vous ne mettez plus les pieds au cabinet de consultations mensongères ; vous ne m'envoyez personne, et, quand j'ai besoin de renseignements, je suis obligé de les aller prendre moi-même, ce qui n'était pas dans nos conventions.

RODILLE, railleur. Oh je comprends mal le français, mes chers associés, ou vous êtes mécontents de moi !

LANDON. Mécontents, n'est peut-être pas tout à fait le mot, mais nous ne sommes pas contents !

RODILLE. Eh bien ! mes bons amis, vous êtes des ingrats et des imbéciles, et je vais vous le prouver à l'instant !... (A part.) Voilà d'abord un ouistre, un plat gueux, vrai gibier de misère et de potence.

RODILLE. Que j'ai ramassé dans le ruisseau, mourant de faim, croté jusqu'à l'échine, marchant sur ses tiges et couchant sous les ponts ! j'ai reconnu ce drô, je l'ai nourri, je l'ai vêtu, il possède aujourd'hui, grâce à moi, une boutique où le cuivre se change en or... il est bien vu dans le quartier ! il regarde passer les gendarmes sans devenir vert d'épouvante !... Le dépôt de mendicité le réclamait !... et le voilà qui me marchande ma part de cette fortune inespérée qu'il me doit tout entière !... Parole d'honneur, ça soulève le cœur de dégoût.

LANDON, à part. Et il ne fait rien pour ça ! (haut à Rodille.) Oh ! cher Rodille !... l'homme n'est pas parfait... vous le savez, par vous-même... j'ai dit des sottises, et j'en suis bien chagrin !

RODILLE, à son bon prince... à tout péché, miséricorde !... (A mi-voix.) Mais prends garde à toi, Landon, j'ai
HONNEUR, à part. Alerte !... (Il déboulonne la lettre et la parcourt des yeux.) Mes ordres sont exécutés.

LANDON. Il n'y a pas de réponse ?

RODILLE. Si ! mais ja la ferai de vive voix.

LANDON, prenant son chapeau et présentant à Rodille celui qu'il a placé sur un meuble. Allons-nous du même côté ?

RODILLE, prenant son chapeau et présentant à Rodille celui qu'il sur le bureau. Pourquoi me demandes-tu cela ?

LANDON. C'est que je sors, et je ferme la boutique... allons !

RODILLE. Tu sors ?

LANDON. Oui, j'ai un achat à payer à domicile, allons !

SCÈNE V

RODILLE, LANDON.

LANDON. Maintenant que nous voilà seuls, mon cher Rodille, j'ai quelque chose à vous remettre de la part de madame Ursule Renaud.

RODILLE. De la part d'Ursule !

LANDON. Madame Renaud est toquée de vous : elle héritera du baron de Verville et vous vous reverrez un de ces matins dans la peau d'un millionnaire ! (A part.) D'une canaille.

LANDON, à part, riant. Ah ! ah ! c'est ma foi bien possible.

LANDON, à part. C'est sûr !

RODILLE. Et que vous a-t-elle donné pour moi ?

LANDON. Ce poulet... (il lui donne une lettre qu'il a prise dans sa poche).

RODILLE. (Il décachète la lettre et la parcourt des yeux, rian.) Plus tôt que vous ne le voudrez, peut-être ; j'irai ce soir dîner avec vous... n'oubliez ni les truffes ni le champagne.

HONNEUR. J'espère que vous serez content !... Au revoir... (Il sort.)

RODILLE, descendant à gauche. Au revoir.

HONNEUR. Ah ! (à Rodille). Quand aurai-je l'honneur de vous voir au boulevard du Temple ?

LANDON, désignant Rodille. Non ! lui !...

HONNEUR. Qui ça ? moi !...

LANDON, désignant Rodille, à mi-voix. Non, lui !

HONNEUR. Qui ça ? moi !

LANDON, mettant le billet dans sa poche. A demi-voix. Le gredin ! je me mêle.

HONNEUR, mettant le billet dans sa poche. A demi-voix. Voici les vôtres, docteur ! et voici avec un soupir. Voilà les fonds demandés... (il donne un billet à LANDON, qui a pris dans sa caisse trois billets de cinq cents francs.) moi ! je le surveillerai, j'en ai préviens...

RODILLE. A la bonne heure !... je suis sans rancune... n'en parlons plus !... (A Landon.) Donne-nous notre argent, compère, oui tu t'avise pas de l'avenir de jouer au plus fin avec les pardonner.

HONNEUR. Et, j'avoue mes torts et je vous prie de me les pardonner.

RODILLE, à part, plus qu'un intrigant démasqué, et pour unique perspective, la mendicité et la cour d'assises !... — Qu'avez-vous à répondre ?

HONNEUR, gentil, ingénieux ombre dans l'eau, plus de clientèle, plus d'intermédiaire, marchandise au paryi... je m'éloigne de vous et, que je vous reflète Paméla, je manœuvre, maître Horace ! je vous liens, ne m'oubliez pas !... Que demain Mars joue les grandes coquettes !... et vous osez vous plaindre, et qui jouez les sommailles, comme mademoiselle Lia, une femme ravissante, dressée par moi tout exprès pour geai l'affluent, j'ai assuré votre succès en vous donnant Paméla... occupe, un magnifique nom de vogue, chez qui la foule et l'argent afflueront...

RODILLE. J'ai fait de vous un personnage dont tout Paris connaît bien.

LANDON, à part, allant à sa caisse et l'ouvrant. Comme il le voir n'auraient pas procuré cent sous !... (Retourne de côte avec numéur.) sans feu ni lieu, un médecin famélique qui avait tout savoir chemin !... un pauvre diable classé d'Allemagne, à la suite de démêlés fâcheux avec la justice, un chevalier d'industrie cher docteur, quand votre bonne étoile vous poussa sur mon courée, comme vous étiez sur l'avare tout à l'heure. Or, écriez-vous, Pour vous empêcher à l'avenir d'avoir la mémoire docteur, à présent.

RODILLE, vivement. Pourquoi me rappeler ce que je sais aussi bien que vous ?

LANDON. Non, protecteur, mon bienfaiteur, mon excellent ami... mon père... au nom du ciel, ne parlez pas de magasin ou une chaîne lourde à traîner.

RODILLE. Ah ! ah ! c'est ma foi bien possible.

LANDON, à part. Ah ! ah ! c'est ma foi bien possible.

RODILLE. Eh que vous a-t-elle donné pour moi.

LANDON. Je veux bien oublier, mais c'est à condition que tu te souviendras... (Se tournant vers Fritz Horner.) Et du docteur, à présent.

L'HOMME AUX FIGURES DE CIRE

RODILLE. Alors tu fermes pas... je reste.

LANDON. Une demi-heure ou trois quarts d'heure au plus ! allons !

RODILLE. Seras-tu longtemps dehors?

LANDON. Mais...

RODILLE. Eh bien, quoi?...

LANDON. C'est que...

RODILLE. On dirait que tu hésites...

LANDON. Non... mais...

RODILLE. Te défies-tu de moi, par hasard? caches-tu quelque secret?... as-tu peur que je ne découvre au fond d'un vieux bahut les sacs d'écus que tu nous voles?

LANDON. Par exemple! (A lui-même.) J'ai les clefs, il ne fouillera nulle part...

RODILLE. Allons, reste où va-t-en ! j'attends ici quelqu'un!

LANDON. La belle Ursule, peut-être?

RODILLE. Peut-être !

LANDON. Je charge maître Châtelain, mon tabellionnaire inconnu... de rédiger le testamentaire, en faveur de ma jeune veuve Ursule Kennaud, mon » notaire, que je nomme mon exécuteur testamentaire, de » faire toutes les démarches utiles pour retrouver ce frère » ou sa descendance. — Dans le cas où mon frère serait » mort sans enfants, je lègue tous mes biens aux hospices. » (Se levant.) Aux hospices! (Lisant.) Sur mes capitaux, liquides » et disponibles, il sera prélevé la somme nécessaire pour » constituer au profit de ma femme de charge Ursule Kennaud, » (Il met à lire.) » une rente viagère de douze cents francs. (Après un temps, con-» tinuant de lire.) André Kennaud, connu sous le nom de baron » de Verville. » (Réformant le testament et le remettant dans l'enve-loppe.) Douze cents francs de rente viagère, je m'en doutais. (Haut.) Ah! ah ! le pauvre sotte !... comme le vieux roué s'est moqué d'elle!... compter sur un million t'héritier de douze cents francs ! (Il va au bureau, s'assied, et, tout en parlant, il déroule à être de l'enveloppe et la recachette avec précaution). Quoi qu'il en soit, notre ouvrage rompu!... me voilà ruiné avant d'avoir été riche! (Redescendant.) ruiné ! pourquoi?... cent mille francs dans le coffre-fort, cent mille francs en billets de banque... Ou met cela dans sa poche et l'on boulonne son paletot par dessus. (Se levant.) Si je pouvais!... qui m'empêche au moins d'essayer?... (S'essayant à droite.) Demain... oui... demain nous verrons.

SCÈNE IX

RODILLE, URSULE.

URSULE, vivement, entrant. Rodille !... eh bien?...

RODILLE. Eh bien, vous serez riche.

URSULE. Le testament?

RODILLE. Tout en votre faveur... légataire universelle!

URSULE. Comment ?

RODILLE. Un million!

URSULE. Un million !... Rodille, mon Rodille vous me devez la fortune! cette pensée me rend folle de joie!...

RODILLE. Calmez ces transports, chère Ursule, que m'importe votre fortune?... c'est vous que j'aime et pas votre argent.

URSULE. Quel désintéressement !... quelle grandeur d'âme!...

RODILLE, vous êtes un cœur d'or!

URSULE. Chère Ursule! je voudrais ne jamais vous quitter... mais la prudence nous commande de nous séparer; vite, reportez le testament ! (Il lui donne le testament et le cachet. Ursule sort vivement d'un et de l'autre dans la poche de sa robe.) Quand vous reverrai-je? mon Rodille, j'ai tant de choses à vous dire!

URSULE, après un temps. Pouvez-vous me donner à souper demain soir?

RODILLE. Oui, à l'hôtel!

URSULE. A l'hôtel?

RODILLE. Oui, à l'hôtel!

URSULE. N'est-ce pas dangereux?... le baron est bien souffrant... s'il se réveille sans cesse. S'il entendait...

RODILLE. Fritz Horner est un habile médecin, je vais lui faire préparer une potion, et, si le baron n'a pas recouvré le calme, cinq ou six gouttes de cette potion lui procureront le bon sommeil ; je vous ferai remettre le flacon demain, et le soir, à onze heures, rue du Pas-de-la-Mule, je ferai le signal convenu près de la porte de l'hôtel.

URSULE. Vous me trouverez toujours prête, attentive à votre appel, et je ne vous laisserai pas attendre.

RODILLE. Emportez votre fortune, belle Ursule.

URSULE. Ma seule fortune! c'est votre amour!

RODILLE. Alors, vous êtes millionnaire!... à demain!

URSULE. A demain! à demain! (Elle sort.)

SCÈNE X

RODILLE, seul. — Après un temps. Demain soir... seul dans l'hôtel, avec Ursule et ce vieillard endormi... les clefs sous l'oreiller... cette pensée ne me quitte plus!

RODILLE, courant à elle et d'une voix passionnée. Chère Ursule!

URSULE, lui prenant les mains. Enfin, c'est vous, ami bien cher! ... Deux jours tout entiers sans vous voir! mon Dieu, mon Dieu... que le temps m'a paru long!

RODILLE, couvrant de baisers les mains d'Ursule. Et moi donc... les minutes me semblaient des heures! (Changeant de ton.) M'apportez-vous le testament?

URSULE. Le voilà. (Elle lui remet une enveloppe fermée par un large sceau de cire noire.)

RODILLE. Comment avez-vous fait?

URSULE. Le baron dormait, j'ai pris les clefs sous son oreiller et le testament dans le coffre-fort.

URSULE. Le cachet aux armes du baron!

URSULE. Je le lui donne. Le voici!

RODILLE, recevant la lettre et le cachet dans sa poche. Parfait! URSULE, avec crainte. Vous êtes bien sûr, au moins, qu'il ne s'apercevra de rien?...

RODILLE. Parbleu!... j'ai étudié chez un graveur, je n'ai pas mon pareil pour obtenir une belle empreinte! vous-même, vous n'y verrez que du feu!

URSULE. Songez que je serais perdue si le baron pouvait soupçonner...

RODILLE. Je réponds de tout... seulement il faut éviter une surprise, retournez à l'hôtel... surveillez le brave homme... et revenez dans un quart d'heure... je vous rendrai l'enveloppe bien et dûment recachetée... vous la replacerez dans la caisse et tout sera dit.

URSULE. Je n'ai d'autre volonté que la vôtre!...

RODILLE. Allez... allez vite!

URSULE. A tout à l'heure!

(Ursule sort, Rodille lui envoie des baisers.)

SCÈNE VIII

RODILLE, seul. — Sortant de sa poche le testament. Jo tiens !... (Il va au bureau de Landon — prend un briquet phosphorique, l'allume une bougie, ensuite il saisit vivement un couteau placé près du mélo au milieu de divers objets et en approche le lame de la lumière qui présente un nouveau de couleur au fond — s'assure que personne ne vient dans l'hôtel — que personne ne passe dans l'escalier, puis il revient au bureau chauffe ainsi pendant un instant, il lève un petit linge en remuant sous sa main et il se met en devoir de décacheter le testament, en glissant la lame du couteau entre la cire et l'enveloppe.) Cette enveloppe à pour

VAUBARON. Non plus...
HORNER. Pour qui donc, alors !
VAUBARON. Pour une personne qui m'est bien chère et que je crains de perdre... — Je veux savoir si cette personne doit m'être rendue... je veux connaître les moyens, s'il en existe, de la soulager... de la sauver... — Votre science pourra-t-elle m'apprendre tout cela, monsieur ?

HORNER. La science dont je suis le ministre, et dont mademoiselle est la prêtresse, n'a point de limites... vous saurez ce que vous voulez savoir, si toutefois vous avez eu soin de vous munir d'un objet ayant appartenu à cette personne, ou ayant été porté par elle...

VAUBARON, présentant un médaillon à Horner. Voici un médaillon qui contient des cheveux de cette personne...

HORNER, prenant le médaillon. C'est bien !... je vais endormir la voyante, (Paméla se lève, gravit l'estrade et s'assied lentement sur le fauteuil ; alors Horner lui prend les deux mains, fixe son regard sur les siens, et pendant un instant reste muet, la magnétisant des yeux.) — (A Paméla.) Pensez-vous, mademoiselle, que le sommeil doive se faire attendre longtemps ?

PAMÉLA, lentement. Non... il viendra vite... je le sens... ne m'écrasez donc point sous des torrents de fluide... épargnez-moi... je suis brisée... (Fritz Horner commence les passes magnétiques.)

BLANCHE, bas à Vaubaron. Père, j'ai peur.
VAUBARON. Tu n'as rien à craindre, mon enfant.
BLANCHE. Que fait donc ce grand homme noir ?
VAUBARON. Il endort cette dame que tu vois là, dans ce fauteuil...

(La petite Blanche regarde ce qui se passe d'un air étonné, inquiet, effrayé. — Fritz Horner continue les passes en tournant autour de Paméla. Son visage prend une expression de commandement. Il répète d'instant en instant, d'une voix sourde et impérieuse :)

Dormez ! je le veux ! je l'ordonne !

(La fausse somnambule paraît ressentir de faibles secousses incessamment renaissantes... Tout son corps tremble... Sa tête roule d'une épaule à l'autre et finit par s'arrêter sur son épaule droite. — Ses paupières s'abaissent... elle semble endormie. — Tandis que ceci se passe, la petite Blanche, placée bien en vue du spectateur, mais à qui ni son père ni le docteur ne font attention, reçoit en quelque sorte le contre-coup des passes magnétiques adressées à Paméla. Elle lutte évidemment contre un sommeil irrésistible, et enfin, au moment où les paupières de Paméla se ferment, elle tombe vaincue et endormie sur le divan.)

HORNER, désignant la fausse somnambule. Elle dort !
VAUBARON, timidement. Et mademoiselle peut parler, malgré le profond sommeil dans lequel elle est plongée ?
HORNER. Oui, monsieur. (A Paméla.) Etes-vous lucide ?
PAMÉLA. Oui !
HORNER. Et si je vous interroge, vous répondrez !
PAMÉLA. Oui !
VAUBARON. Puis-je lui demander maintenant ce que j'ai tant d'intérêt à savoir ?

HORNER. Vous le feriez en vain... elle ne pourrait vous entendre ni vous répondre... c'est à moi directement que vous devez parler, et je lui transmettrai vos questions. — Mais d'abord, il me faut la mettre en rapport magnétique avec la personne qui vous intéresse. (Plaçant le médaillon dans la main de Paméla.) Quelle est la femme dont ce bijou contient les cheveux ?.. voyez... parlez... (au moment où Paméla va répondre, Blanche se relève vivement.)

BLANCHE, d'une voix basse et changée. C'est maman !
HORNER, à Blanche. Silence, enfant !... ne troublez pas les mystères qui s'accomplissent en votre présence, mais que vous ne pouvez comprendre.

BLANCHE. Si, si... commandez-moi de parler... je vois... je vois... maman...

HORNER, stupéfait. Hein ! ce langage !... (S'approchant de Blanche et la regardant avec une attention profonde.) Endormie !

PAMÉLA, rouvrant les yeux. Endormie.
HORNER, bas à Paméla. Silence ! (A lui-même.) Voici donc un sujet lucide !

VAUBARON. Monsieur le docteur, qu'y a-t-il ?
HORNER, reprenant tout son sang-froid. Regardez combien est immense, irrésistible, la force invisible dont je dispose. L'atmosphère de ce salon, chargée d'effluves magnétiques, vient d'exercer sur votre enfant une influence victorieuse ! Elle est endormie, elle est lucide, ce c'est elle qui va vous apprendre ce que vous voulez savoir de sa mère !

VAUBARON, avec effroi. Eh quoi ! Blanche... Ce que les savants ignorent eux-mêmes, Blanche le sait en ce moment !...

HORNER. Oui, monsieur.
VAUBARON. Ce sommeil m'effraie, monsieur... combien de temps durera-t-il ?

HORNER. Une seconde seulement, si vous le voulez. Je puis réveiller votre fille à l'instant... mais pourquoi ne point pousser l'expérience jusqu'au bout, puisque la voyante ne court aucun danger, et puisque rien de fâcheux ne saurait résulter pour elle de cet état de somnambulisme qui vous inquiète.

VAUBARON. Vous m'affirmez cela, monsieur ?...
HORNER. Je vous en donne l'assurance positive... ne doutez donc plus et cessez de craindre !

VAUBARON. S'il en est ainsi, monsieur, interrogez Blanche, j'y consens.

HORNER. Attendez ! (Allant à Paméla. — Bas.) Va-t-en ! va-t-en ! (Haut — lui faisant un geste de commandement.) Partez !

PAMÉLA, se lève lentement. — A demi-voix. Voilà une étrange aventure ! (Horner met un doigt sur ses lèvres pour lui commander le silence. Paméla sort à gauche conduite par le geste impérieux d'Horner. Lorsqu'elle est sortie, Horner revient à Blanche et s'assure qu'elle est toujours endormie.)

SCÈNE III

VAUBARON, HORNER, BLANCHE.

HORNER, à Vaubaron. Que voulez-vous lui demander ?
VAUBARON. Ma femme bien-aimée, ma chère Marthe peut-elle être sauvée ?... peut-elle vivre ?

HORNER, à Blanche, en lui mettant le médaillon dans la main. Votre mère est-elle atteinte d'une maladie mortelle, mon enfant ?... Est-il permis d'espérer une guérison et par quels moyens serait-il possible d'arriver à ce but ?

BLANCHE, après un temps. Hélas !... la science ne saurait la guérir !... petite mère est bien malade... mais on peut la sauver si elle est bien heureuse... Papa, ne lui fais jamais de chagrin... la douleur la tuerait... (Vaubaron essuie des larmes qui coulent de ses yeux.)

HORNER. Laquelle de ces deux destinées l'avenir garde-t-il à votre mère ?...

BLANCHE. Je ne sais pas ; je ne puis pas le dire !... je ne vois plus !...

HORNER. Traversez le nuage qui vous cache l'avenir, et voyez !

BLANCHE, après un temps. J'essaie... j'essaie, mais je ne peux pas !

HORNER, impérieusement. Voyez et répondez... je le veux... je l'ordonne !...

BLANCHE, poussant un cri. Ah !... je vois... je vois... j'ai peur... j'ai peur (Avec une expression d'horreur) ah ! maman ! maman ! (Elle pousse un cri plus terrible et se débat sur le divan.)

VAUBARON, avec éclat. Malheureux, qu'avez-vous fait ?... vous ne voyez donc pas que vous tuez ma fille ? (Il s'élance vers Horner.)

HORNER, vivement. Ceci n'est rien... je vous le jure... — Cette crise nerveuse n'a d'autre cause qu'un peu de fatigue et de surexcitation. Je vais réveiller votre enfant et vous la rendre calme et souriante.

VAUBARON. Faites-le donc !... car malheur à vous, s'il arrivait malheur à Blanche !

HORNER, faisant quelques passes en sens inverse sur le visage de la petite fille. Je vous le disais bien !... l'agitation cesse déjà... je vois calme... dans une seconde elle ouvrira les yeux... (Blanche se réveille et promène autour d'elle ses regards étonnés.)

VAUBARON. Enfin !
BLANCHE, apercevant son père et courant à lui. Ah ! papa ! papa.
HORNER. J'ai tenu ma parole, vous le voyez, Monsieur. — Maintenant demandez-lui si elle se souvient.

VAUBARON, prenant Blanche dans ses bras et l'embrassant. Te souviens-tu, mon enfant chérie, dis-moi, te souviens-tu ?...

BLANCHE. De quoi, père ?... — Je ne sais rien... je n'ai rien vu... — Il me semble que je me suis endormie et que je viens de me réveiller.

HORNER, à lui-même. Il y a là une affaire magnifique !... il faut que cette affaire se fasse. (Allant à Vaubaron.) Monsieur !

VAUBARON. Monsieur le docteur ?
HORNER. Etes-vous riche ?
VAUBARON, surpris. Pourquoi cette question ?
HORNER. Ce n'est point une curiosité stérile qui me la dicte, croyez-le bien, et répondez moi...

VAUBARON. Eh bien ! non, je ne suis pas riche... je suis pauvre, très-pauvre même...

HORNER. Voulez-vous cesser de l'être ?... voulez-vous, dès demain, dès aujourd'hui, vous trouver en situation de donner à votre femme malade, presque mourante, cette aisance et ce calme qui prolongeraient sa vie ?...

VAUBARON. Oh ! oui, certes, je le voudrais...
HORNER. Eh bien, je vous offre le moyen de faire tout cela.
VAUBARON. Vous, monsieur ?...
HORNER. Oui, moi. — Écoutez bien ! ceci est sérieux et je ne vous promets rien que je ne puisse tenir. — Si vous acceptez le marché que je vais vous proposer, je vous remettrai à l'instant même une somme de cinq mille francs et je prendrai l'engagement, par-devant notaire au besoin, et en

RODILLE, vivement. Que vas-tu faire?...
LARIDON. Inscrire sur mon livre l'achat et la vente.
RODILLE. C'est inutile!
LARIDON, de plus en plus étonné. Pourquoi?
RODILLE. Parce que je ne le veux pas.
LARIDON. Mais...
RODILLE, impérieux, fermant le livre de Laridon. Je suis le maître et je te le défends!

(Laridon baisse la tête.)

ACTE DEUXIÈME

Deuxième Tableau

Chez Fritz Horner. — Salon entièrement tendu de velours grenat. — Rideaux et portières de même étoffe et de même couleur retombant sur les portes et les fenêtres. — Une lampe astrale, à verre dépoli, éclaire seule cet intérieur. — Grand fauteuil placé sur une estrade occupant le milieu de la scène. — Guéridon, large divan, etc.

SCÈNE PREMIÈRE

FRITZ HORNER, RODILLE, LARIDON, PAMÉLA, puis GERMAIN.

Au lever du rideau, Paméla, entièrement vêtue de blanc, l'antique, est étendue dans le grand fauteuil et semble dormir d'un profond sommeil. Rodille est étendu sur le canapé à gauche, Laridon cause avec lui, debout derrière le canapé.

HORNER, frappé sur un timbre; Germain entre. Germain !
LE DOMESTIQUE. M. le docteur?
HORNER. Qui avons-nous dans le salon d'attente?
GERMAIN. Le numéro sept. Faut-il faire entrer?
HORNER. Non... prévenez-les que la voyante a besoin de quelques minutes de repos... il faut que je l'éveille.
LE DOMESTIQUE. Bien, monsieur le docteur... j'y vais... (Il sort. — Horner va ouvrir la fenêtre du fond.)
PAMÉLA, se levant vivement et sautant à bas de l'estrade. Ouf! la plaisanterie est bonne, mais elle est trop longue!... une pose de deux heures et demie!.. grand merci, docteur de mon cœur! il n'en faut pas!... j'en ai les mollets sans connaissance! (Elle ébauche un pas de cancan et le termine en levant la jambe.)
LARIDON. En voilà une tulipe orageuse! sapreiotte!..
RODILLE, riant. Bravo, ma fille! tu vas bien!
PAMÉLA. Histoire de me dégourdir les tibias... Combien de minutes d'entr'acte, eh! docteur?
HORNER. Cinq...
PAMÉLA. Que ça de bon temps!...c'est maigre! enfin, dépêchons-nous d'en profiter... Docteur, fais-moi le plaisir de descendre à la cave et de déboucher une fiole de champagne. — Compère Laridon, passe-moi des biscuits. — Toi, mon petit Rodille, tortille-moi une cigarette de caporal et dis-moi des bêtises pour me remonter le moral considérablement abruti de ce magnétisme...

(Les trois hommes obéissent à la jeune femme. — Horner soulève le tapis qui recouvre une table placée au fond et prend sous la table des biscuits, des verres et une bouteille de champagne qu'il débouche.)

LARIDON, bas à Rodille, lui portant un verre de champagne. Paméla devient ruineuse avec ses fantaisies...
RODILLE, de même. C'est une fille intelligente... il faut lui passer quelque chose...
PAMÉLA, buvant un demi-verre de champagne. Docteur de mon cœur, ton cliquot sent le bouchon.
HORNER. Quand tu l'as bu.
PAMÉLA, trempant un biscuit dans son verre et le mangeant. Les biscuits de Laridon manquent de vanille.
LARIDON. Quand tu les as mangés.
PAMÉLA, fumant et envoyant en l'air une bouffée de fumée. Et le caporal de Rodille est éventé.
RODILLE. Quand tu l'as fumé.
PAMÉLA, posant son verre sur la table et venant s'asseoir tout en fumant sur la première marche de l'estrade. Décidément, la maison devient une baraque! (Changement de ton.) A propos, mes bons amis, vous savez que je vous quitte?

(Les trois hommes font un geste de surprise.)

RODILLE. Hein?.. tu dis?...
PAMÉLA. Je dis que j'en ai par-dessus la tête, du métier qu'on me fait faire chez vous; je vous tire dès demain ma révérence et je vais chercher fortune ailleurs...
HORNER. Voyons, Paméla, deviens-tu folle?
PAMÉLA. Oh! que nenni! je deviens raisonnable, au contraire... je tiens à ma frêle existence... ma tue de fatigue ici... il faut parler du matin au soir... il faut inventer des calembredaines à raconter aux imbéciles qui viennent consulter... ça me détraque le cerveau, ça me détériore le gosier, et je ne suis pas assez payée pour la peine que je me donne.
LARIDON, haussant les épaules et savourant un biscuit qu'il trempe dans son verre. Tu me fais mal!... pas assez payée!... voyez-vous ça!... — Je trouve, moi, qu'on te paie beaucoup trop cher!.. Les faux frais nous dévorent..., je ne sais où passent les bénéfices, (Il vide son verre d'un seul trait.)
PAMÉLA. Tout ça c'est bel et bien, mais vos calculs ne me regardent pas... je vous répète qu'on m'exploite ici... j'en ai assez et je vous abandonne.
HORNER. Allons, allons!.. pas de bêtises!... nous ne pouvons nous passer de toi et tu le sais bien!... — D'abord tu es jolie, ce qui fait toujours plaisir au client... Ensuite, où trouver une femme assez intelligente pour faire accepter aux plus incrédules la comédie du somnambulisme que tu joues si bien, puisque tu n'es pas lucide. — Dix-neuf fois sur vingt tu touches le but, et le client s'en va confondu.
PAMÉLA, se levant. Eh bien, puisque je vous suis si précieuse, payez-moi en conséquence.
HORNER. Eh! nous te donnons les yeux de la tête!.. le logement, la table, la toilette et vingt francs par jour!
PAMÉLA. J'en veux quarante!
TOUS. Quarante!
HORNER. Miséricorde!
LARIDON, tirant sa montre. Veux-tu ma montre.
PAMÉLA, tendant la main. Oui! c'est un bon mouvement que vous avez là.
LARIDON, remettant sa montre dans sa poche. C'est pour cela que je la garde!
PAMÉLA. Voyons, quarante francs, ça ne vous va pas? Eh bien, bonsoir! arrangez-vous comme vous pourrez... Je fais mon paquet et je file.
RODILLE, toujours étendu sur le divan. Crois-tu?
PAMÉLA. Tu vas voir. (Elle se dirige vers la porte.)
RODILLE, sans se déranger. Dis donc, Paméla.
PAMÉLA, s'arrêtant. Quoi?
RODILLE. Un mot. — Veux-tu que j'envoie chercher le commissaire de police, et que je lui donne des nouvelles d'une certaine Mariette Bury, dite Paméla, condamnée par défaut à cinq ans de prison pour complicité d'infanticide?.. (Paméla s'est lentement rapprochée de Rodille.) Eh bien tu ne t'en vas plus?... Va donc... bon voyage, ma mignonne... les portes sont ouvertes!
PAMÉLA. Ah! brigand! tu me tiens!
RODILLE, se levant. Parbleu!.. Deviens donc raisonnable, ma fille, et si nous pouvons te trouver une suppléante, qui ne coûte pas trop cher, c'est une affaire qui s'arrangera.
PAMÉLA. Cherchez une vraie somnambule au moins...
S'il en existe!
LARIDON. S'il en existe!
PAMÉLA. Je n'y crois pas. (A Laridon.) Viens boire du champagne! (Ils remontent tous deux vers la table du fond.)
HORNER, bas à Rodille. Ah! si c'était possible!..., remplacer cette fille insatiable et capricieuse par une vraie somnambule... Ce serait trop de bonheur! En moins de deux ans, nous serions tous millionnaires! (A Germain qui entre.) Eh bien, Germain, qu'y a-t-il?
GERMAIN. Monsieur le docteur, le numéro 7 s'impatiente, il veut s'en aller et redemande son argent !
LARIDON. Hein? quoi! qu'est-ce qu'il dit? rendre l'argent. Jamais!...
HORNER à Germain. Fermez cette fenêtre et rangez tout cela. (Germain ferme la fenêtre et replace les verres et la bouteille vide sous la table.)
LARIDON, prenant son chapeau. Je regagne ma boutique.
RODILLE. Dis donc, n'oublie pas ce que je t'ai demandé.
LARIDON. Entendu ! (Il sort à gauche, Paméla vient s'asseoir sur le divan.)
HORNER, à Rodille qui va sortir. Vous partez?
RODILLE. Non... J'ai à causer avec vous après la séance, je vais achever mon cigare dans le petit salon. (Il sort à gauche.)
HORNER, à Germain. Faites entrer le numéro 7.
(Germain sort, introduit Vaubaron et Blanche, puis s'éloigne en refermant la porte derrière lui.)

SCÈNE II

PAMÉLA, HORNER, VAUBARON, BLANCHE.

HORNER, à Vaubaron. Monsieur, mon temps et celui de mademoiselle (il désigne Paméla) sont précieux; vous le comprenez, — vous n'avez pas le droit d'en perdre une minute. Dites-moi donc tout de suite et brièvement ce qui vous amène. Est-ce pour vous-même que vous voulez consulter la voyante?
VAUBARON. Non, monsieur.
HORNER. Pour l'enfant qui vous accompagne?

LARIDON. Sur mon papier... avec ma plume!..
LA MÈRE SUZANNE. M. Laridon, j'ai tout mis en ordre.
LARIDON. Il n'est venu personne?...
LA MÈRE SUZANNE. Non, personne... qu'un huissier pour M. Vaubaron...
LARIDON. Eh bien! vous pouvez vous en aller...

(La mère Suzanne sort. Elle tourne à gauche et en l'apercoit s'engageant dans l'escalier. — Elle rencontre Vaubaron sur les dernières marches, lui remet le papier que lui a remis M. Daudier, puis elle disparaît. Vaubaron s'arrête à la porte de Laridon.)

SCÈNE XVI
LARIDON, seul, puis VAUBARON, puis RODILLE.

LARIDON. Oh! ce Rodille! en voilà un drôle de polichinelle... Si j'ai le malheur de le laisser ici cinq minutes, je n'ai pas plus tôt tourné les talons que tout est au pillage!... On fait sa correspondance chez soi, que diable!...
VAUBARON, entrant. M. Laridon!
LARIDON. Ah! c'est vous, voisin Vaubaron?
VAUBARON. J'ai à vous parler, pouvez-vous me donner un instant?
LARIDON. Mais comment donc?.. je suis tout à vous! votre petite femme va-t-elle mieux, voisin?
VAUBARON. Hélas! non.
LARIDON. Que dit le médecin?
VAUBARON. Il me dit qu'à moins d'un miracle, la guérison lui semble impossible.
LARIDON. Les médecins! Tenez, laissez-moi donc tranquille! je n'ai pas confiance en eux, moi... Oh! non, ah! si j'étais à votre place, je sais bien ce que je ferais!
VAUBARON, vivement. Que feriez-vous, M. Laridon?
LARIDON. Je n'en ferais ni une ni deux: je mettrais le docteur à la porte et j'irais consulter la somnambule!
VAUBARON, étonné. La somnambule?... (Rodille paraît sur le seuil de la chambre.)
RODILLE, à part. Ah! ah! Paméla est en jeu!
LARIDON. Ah! dame! oui... ce n'est pas de la première venue que je vous parle, vous comprenez! Il y en a qui ne valent guère mieux que les médecins!... C'est de la fameuse du boulevard du Temple, quelque chose dans le no 1, dans le soigné, dans le grand genre, la somnambule du célèbre magnétiseur allemand, le docteur Borner... oh! celle-là par exemple, on peut y aller de confiance... elle opère des miracles à la douzaine.
VAUBARON, avec doute. Des miracles...
RODILLE, à part. Il fait l'article! bravo!
LARIDON. Elle guérit les maladies les plus incurables.
VAUBARON. Mais alors, si j'allais consulter cette somnambule, moi, ce serait peut-être le salut?
LARIDON. Eh! oui, ce serait le salut, n'en doutez pas!
VAUBARON. J'irai!
LARIDON. A la bonne heure! ça me réjouit l'âme de vous voir décidé. — Je suis sûr que vous reviendrez content! Quand irez-vous?
VAUBARON. Demain.
RODILLE, à part. Dix francs à notre actif. (Il disparaît sans refermer la porte.)
LARIDON. Maintenant, dites-moi ce qui vous amène?
VAUBARON, présentant un petit paquet qu'il tient à la main. Je voudrais me défaire de ces objets: voulez-vous me les acheter?
LARIDON, prenant le paquet et allant à son bureau. Pourquoi non?... tout dépendra du prix! (Il défait le paquet et examine les objets, qui sont une timbale, des boucles d'oreilles et un couteau-poignard.)
VAUBARON. Combien m'en offrez-vous?
LARIDON, s'asseyant. C'est à vous de m'apprendre vos prétentions. Mais, dites-moi, ça va donc terriblement mal, les affaires, que vous en êtes réduit à vendre ces objets?
VAUBARON. Oui, cela va bien mal... il n'y a pas de pain à la maison...
LARIDON. Ah! saperlotte!... heureusement ça ne peut pas durer longtemps comme ça.
VAUBARON. J'ai quelque espoir... je suis mécanicien, vous le savez. J'ai trouvé un moyen, que je crois ingénieux, pour donner le mouvement et l'apparence de la vie à des personnages de bois ou de cire. M. Curtius, le propriétaire des salons du boulevard du Temple, à qui j'ai soumis mon idée et mes projets, m'a fort encouragé et m'a fait même espérer une association avec lui si je réussissais; mais réussirai-je?
LARIDON. Vous réussirez, je l'espère... Quant à moi, je ne demande qu'à vous venir en aide. On est au monde pour s'obliger, que diable! qu'est-ce que vous voulez de tout cela?
VAUBARON, hésitant. Je voudrais en avoir cent francs!
LARIDON, se récriant. Cent francs!.. allons! allons, voisin, vous voulez rire! ces objets n'ont pas de valeur.

VAUBARON. Ils en ont une bien grande pour moi. (Prenant les objets l'un après l'autre.) Ce poignard à manche d'argent ciselé appartenait à mon père... il porte le chiffre de ma famille. — Ces boucles d'oreilles, je les ai données à ma pauvre Marthe le jour de notre mariage. Cette timbale, je l'achetais pour ma fille, pour ma chère Blanche! le jour de son baptême. Tous ces humbles objets me rappellent les joies du passé, les espérances de l'avenir...
LARIDON. Je vous comprends, voisin, oh! je vous comprends! Parole d'honneur, je me sens tout ému; mais que diable, on ne fait pas des affaires avec du sentiment. Les clients qui viennent chez moi acheter du bric-à-brac se moquent pas mal des regrets. — Les temps sont durs... l'argent est rare. — (Tout en parlant, il a pesé les boucles d'oreilles et une timbale, et essayé le manche du poignard avec une pierre de touche.) Enfin, combien pouvez-vous, combien voulez-vous m'offrir?...
LARIDON. Écoutez, mon cher M. Vaubaron, je vais vous dire tout de suite mon premier et mon dernier mot. Il n'y aura point à marchander après cela. C'est à prendre ou à laisser. Un arabe vous en donnerait vingt francs; moi, qui ne suis point unarabe, Dieu merci, je vous en offre cinquante. (Ouvrant sa caisse et prenant cinquante francs qu'il place sur son bureau, en face de Vaubaron.) C'est une mauvaise affaire que je fais, mais, ma foi, tant pis pour moi, nous sommes voisins et je veux vous être utile! Donc c'est cinquante francs; je ne m'en dédis pas. Cela vous va-t-il?
VAUBARON, tristement et avec un redoublement d'embarras. Peut-être trouverai-je ailleurs un prix plus élevé.
LARIDON, sèchement, ramassant les cinquante francs. Libre à vous d'en courir la chance; seulement, une fois sorti d'ici, ne vous donnez pas la peine d'y revenir... Je vous préviens que je n'achèterai plus à aucun prix.
VAUBARON. Il me resterait, dans ce cas, la ressource du mont-de-piété.
LARIDON, riant aux éclats. Voisin, je vous donne deux cents francs de tout ça si on vous en prête dix! Finissons-en, je vous en prie, car j'ai des comptes à faire. Voulez-vous cinquante francs, oui ou non?...
VAUBARON, après une courte irrésolution. J'accepte... il le faut bien!
LARIDON. Voici l'argent. (Vaubaron prend l'argent.) Au revoir, voisin; enchanté d'avoir pu vous être bon à quelque chose, et tout à votre service à l'avenir! (Il referme sa caisse.)
VAUBARON, après avoir jeté un regard mouillé de larmes aux objets qu'il vient de vendre, — s'essuyant les yeux. Ils auront du pain! (Il sort, Rodille entre et le suit des yeux tout en passant à gauche.)

SCÈNE XVII
RODILLE, LARIDON.

LARIDON. N'oubliez pas la somnambule! (S'asseyant.) Ah! le pauvre homme, ça me serre le cœur!... mais j'ai fait une bonne affaire!... (Il ouvre son registre d'achats.)
RODILLE, qui a écouté pendant toute la scène précédente, s'approchant de Laridon. Qu'est-ce que c'est que cet homme-là?
LARIDON. C'est M. Vaubaron, mon voisin d'au-dessus... un pauvre diable d'honnête homme, si fort à plaindre en ce moment que, parole d'honneur, je me sens tout apitoyé sur son sort. Après ça, j'ai le cœur si tendre!
RODILLE, prenant sur le bureau le poignard vendu par Vaubaron, tout en l'examinant. Tu dis qu'il demeure au-dessus de toi?
LARIDON. Oui, au premier étage... un logement qui vous conviendrait bigrement bien, pour faire la cour à Ursule Renaud par signes télégraphiques!... ses fenêtres donnent sur la cour de l'hôtel du baron de Verville.
RODILLE, montrant à Laridon le manche du poignard. Que signifie cette marque là, sur le manche?
LARIDON. C'est un V, la première lettre du nom de Vaubaron. Pourquoi me demandez-vous cela?
RODILLE. Je ne sais vraiment rien... j'ai parlé pour parler. (Laridon s'assied au bureau; Rodille examine le poignard.) Il est joli.
LARIDON. Oui... pas mal!...
RODILLE. Je te le paie quarante francs!
LARIDON. Impossible!... il en vaut cinquante!
RODILLE, haussant les épaules. Coquin!... les voici!... (Il lui donne 50 francs.)
LARIDON, à part. J'aurais dû dire soixante!
RODILLE. Cette nuit, tu fondras au creuset la timbale et les boucles d'oreilles.
LARIDON, étonné. Pourquoi?
RODILLE. Tu es trop curieux!
LARIDON. C'est bien! (A lui-même en prenant la plume.) Nous disons..

SCÈNE XI

RODILLE, LA MÈRE SUZANNE, rentrant de gauche un plumeau à la main.

LA MÈRE SUZANNE. Tiens! vous êtes là, monsieur Rodille! est-ce que monsieur Laridon est sorti?
RODILLE, prenant son chapeau, et passant à gauche. Oui, mère Suzanne! (Montrant la porte de gauche.) J'entre là... dans la chambre de Laridon... J'y trouverai des plumes et du papier, n'est-ce pas?
LA MÈRE SUZANNE, époussetant. Oui, oui... oh! il y a tout ce qu'il faut!
RODILLE. Merci!... s'il vient quelqu'un, appelez-moi. (Il sort à gauche.)

SCÈNE XII

LA MÈRE SUZANNE, seule, puis **MARTHE** et **BLANCHE**.

LA MÈRE SUZANNE. Quel beau cavalier que monsieur Rodille!... quel homme comme il faut!... et si bien mis!... un vrai Mirliflor! Il me plaît à moi, cet homme-là... lui et M. Laridon, en v'là de braves gens! c'est une crème!... (En ce moment, à travers la porte vitrée de droite, on aperçoit Marthe Vaubaron et Blanche, sa fille, venant de la rue — Marthe est très pâle et semble se soutenir à peine. Arrivée au pied de l'escalier, elle s'arrête pour respirer et s'appuie sur la rampe. Blanche vient regarder par le vitrage, elle frappe aux carreaux. Suzanne se retourne.)
BLANCHE. Bonjour, maman Suzanne!
LA MÈRE SUZANNE, allant ouvrir la porte. C'est toi, mon chérubin! (Regardant Marthe.) Madame Vaubaron! mais vous vous soutenez à peine.
MARTHE, souriant. Oui, je me sens un peu fatiguée, mais ce ne sera rien.
LA MÈRE SUZANNE. Voyons, appuyez-vous sur moi... entrez... asseyez-vous un instant... ça vous donnera des forces pour monter votre vilain escalier. (Elle la fait entrer et s'asseoir.)
BLANCHE, un livre à la main. Oui, petite mère... repose-toi. Pendant ce temps-là, moi, je regarderai les belles choses; il y en a tant ici. (Elle pose son livre sur le bureau. C'est une volume à reliure de chagrin noir et à fermoirs d'argent oxidés.)
LA MÈRE SUZANNE, à Marthe. Ah! je vous l'avais bien dit : mais vous n'avez rien voulu entendre... C'est-il Dieu possible de quitter sa chambre quand on n'est pas plus forte que vous.
MARTHE, toussant de temps à autre. Je suis faible encore, c'est vrai, parce que le médecin m'a fait garder le lit trop longtemps, mais ma force reviendra vite... Songez-donc, mère Suzanne, voici déjà plus de trois mois que je suis malade... il faut bien que la convalescence arrive, à la fin, car ma patience est à bout... Ah! j'ai souvent maudit le médecin qui me guérissait trop lentement!
LA MÈRE SUZANNE. Le médecin faisait de son mieux, ma chère dame.
MARTHE. Oh! certainement! c'est un homme rempli de science et de bonté... mais il ne comprenait pas, il ne pouvait pas comprendre combien j'ai besoin de ma santé pour mon mari et pour notre enfant. Dans un pauvre ménage comme le nôtre, il faut chasser la maladie bien vite. Ça doit être facile de guérir! A vingt-cinq ans, on a tant de force et de vie.
LA MÈRE SUZANNE, à part, essuyant une larme et embrassant Blanche qui s'est approchée d'elle. Sa confiance me fait mal!... Si elle savait qu'elle est condamnée?...
MARTHE. Dieu est bon! Il ne m'a point unie au meilleur des hommes pour nous séparer si vite. Il ne nous pas donné notre chère Blanche, ce doux trésor, pour en faire une orpheline.
BLANCHE, qui a regardé curieusement les objets de toute nature qui encombrent le magasins, revenant à sa mère! Petite mère, j'ai tout regardé, vieux-tu?
MARTHE. Tu t'amusant. Oui, chère fille! (Elle se lève lentement.)
LA MÈRE SUZANNE. Allez doucement, au moins! voulez-vous mon bras pour retourner chez vous?
MARTHE. Non, merci, mère Suzanne!... Je suis tout à fait bien maintenant!...
LA MÈRE SUZANNE, embrassant Blanche. Au revoir, mon mignon trésor!
BLANCHE. Au revoir, maman Suzanne! (Marthe et Blanche sortent. Blanche oublie son livre sur le bureau.)

SCÈNE XIII

LA MÈRE SUZANNE, seule. Pauvre ménage!... est-il assez à plaindre? j'en ai le cœur serré!... La misère, la maladie... tout les écrase!... de si braves gens. (A ce moment on voit Marthe et Blanche passer dans l'escalier. Blanche s'arrête et envoie un dernier adieu à la mère Suzanne.)
BLANCHE. Adieu! adieu!
LA MÈRE SUZANNE. Adieu! adieu! (Blanche et Marthe disparaissent. La mère Suzanne continue à parler tout en époussetant sur le bureau de Laridon.) Ah! la veuve de Simon Besnard a bien fait de se laisser mourir, il y a trois ans. Elle pleurerait aujourd'hui toutes les larmes de son corps, la digne femme, en voyant sa chère fille si pauvre et si malade!... (Tout en parlant, d'un coup de plumeau elle fait tomber à terre le livre oublié par Blanche. Le ramassant et l'examinant.) Ah! la petite a oublié sa Bible! Ils vont être inquiets là haut... Ils tiennent tant à ce vieux volume... Je vais le leur monter... (Elle dépose son plumeau sur un meuble. M. Baudier a ouvert la porte d'entrée et s'est arrêté sur le seuil.)

SCÈNE XIV

LA MÈRE SUZANNE, MONSIEUR BAUDIER.

BAUDIER. Monsieur Vaubaron, madame?
LA MÈRE SUZANNE. L'étage au-dessus, monsieur!
BAUDIER. Je le sais, mais est-il chez lui?
LA MÈRE SUZANNE, le fixant. Ah! je vous reconnais... vous êtes Monsieur Baudier, huissier?
BAUDIER. Oui, madame.
LA MÈRE SUZANNE. Et vous venez encore pour du papier timbré, bien sûr?
BAUDIER, descendant en scène. Hélas! oui madame! J'apporte à mon grand regret la signification d'un commandement et.. demain... Je serai forcé de remettre les pièces au garde du commerce!
LA MÈRE SUZANNE. Mais c'est l'arrestation! c'est la prison pour dettes!
BAUDIER. Mon Dieu, oui.
LA MÈRE SUZANNE. La prison! ah! monsieur! confiez-moi ce papier... je le remettrai à monsieur Vaubaron, à lui seul.
BAUDIER, allant au bureau et traçant quelques lignes sur un papier timbré. Je veux bien; mais surtout dites-lui que j'ai reçu des ordres positifs du créancier et que s'il ne peut me donner demain avant midi, quand je viendrai, un à compte important, il ne me sera pas possible de faire retarder, même d'un jour, les mesures les plus rigoureuses.
LA MÈRE SUZANNE, prenant le dossier que lui présente M. Baudier. Je vais lui dire tout cela monsieur, et lui donner ce papier en lui remontant ce livre que sa petite fille vient d'oublier ici. (Elle place le papier entre deux feuillets du livre.)
BAUDIER, regardant le volume. Des armoiries, une couronne!
LA MÈRE SUZANNE. Ça vous étonne, monsieur!... Eh bien! ça vous étonnera bien plus quand vous saurez que ces armoiries sont celles de la famille Vaubaron.
L'HUISSIER, étonné. M. Vaubaron est noble?
LA MÈRE SUZANNE. Oui, monsieur, à ce qu'on dit, quoiqu'il ne s'en soucie guère et qu'il ne songe point à porter le titre auquel il aurait droit.
BAUDIER. Mais comment est-il arrivé à la situation plus que précaire dans laquelle il se trouve aujourd'hui?
LA MÈRE SUZANNE. Que voulez-vous? des malheurs!... Je ne sais pas au juste... (Ouvrant le livre.) Mais voici ce livre il y a un tas de griffonnages qui vous expliqueront peut-être la chose et à moi aussi... Lisez-moi donc ça, monsieur Baudier, car je ne sais pas lire!...
BAUDIER, prenant le livre et l'ouvrant à la première page. C'est une Bible calviniste... des noms et des dates... (Il lit :) « 1678, le » marquis Gontran de Vaubaron épouse Clotilde de Pen- » hoël; 1680, naissance de Raoul de Vaubaron, 1685, révo- » cation de l'Edit de Nantes... exil et ruine. 1804, naissance » de Jean Vaubaron. » C'est le mécanicien, sans doute. « 1824, son mariage avec Marthe Besnard, fille de Simon » Besnard. »
LA MÈRE SUZANNE. J'ai bien connu sa mère!
BAUDIER. Ah! vraiment! je plains ces pauvres gens de toute mon âme! Vous n'oublierez rien de ce que je vous ai dit, madame? (Il lui rend la bible.)
LA MÈRE SUZANNE. Oh! soyez tranquille, monsieur. (Baudier sort.) Encore du papier timbré! bon Dieu, à quoi ça sert-il?.. M. Vaubaron s'ôterait le pain de la bouche pour payer : mais où il n'y a rien, le diab'... (Se reprenant.) l'huissier perd ses droits!

SCÈNE XV

LA MÈRE SUZANNE, LARIDON.

LARIDON, entrant. Eh bien! où est Rodille? c'est comme cela qu'il garde mon magasin?.. comptez donc sur les gens!..
LA MÈRE SUZANNE, montrant la porte de gauche. Il est là! il écrit une lettre.

fournissant des garanties plus que suffisantes, de vous compter tous les mois cinq cents francs pendant dix ans.

VAUDRAON, stupéfait. — Il est de trève! mais on marche, monsieur, ce marché en échange duquel vous me proposez tant de choses, quel est-il ?... quel peut-il être?

HORNER. Il s'agirait tout bonnement d'un acte régulier par lequel vous me céderiez pour un laps de dix années tous vos droits paternels sur l'enfant que voilà.

VAUDRAON. Oui... mes droits paternels!

HORNER. Dans quel but!...

VAUDRAON. Dans quel but unique de prendre votre fille avec moi, de me charger d'elle pendant dix ans, et de la rendre heureuse et riche?

VAUDRAON. Et que pourriez-vous faire de la pauvre petite?...

HORNER. Je me servirais d'elle pour la plus grande gloire de la science et pour le plus grand bonheur de l'humanité...

VAUDRAON, prenant Blanche dans les bras et la serrant contre sa poitrine. Abandonner mon enfant!... la laisser seule dans une maison étrangère, l'éloigner de ceux pour qui elle est tout et qui sont tout pour elle! jamais, monsieur, jamais!

HORNER. Réfléchissez bien, je vous le conseille, avant de vous prononcer ainsi... mes propositions sont de celles qu'on ne saurait repousser sans folie.

VAUDRAON. Cependant, je les repousse, et je n'hésite pas une minute à vous le déclarer.

HORNER. Prenez garde! vous regretterez peut-être.

VAUDRAON. Non, monsieur, non, je ne regretterai pas. Nos offres sont bien celles-ci... insuffisantes?

HORNER. C'est peu de chose, j'en conviens... mais j'y ajouterai la somme payée comptant...

VAUDRAON. Vous m'offririez cent mille francs... vous m'offriraez un million, vous mettriez à ma disposition une fortune royale, que je réfléchirais encore.

HORNER. C'est votre dernier mot?

VAUDRAON. Le premier et le dernier, oui, monsieur! mieux vaut la pauvreté que la fortune acquise à ce prix-là !... Si vous étiez père, monsieur, vous comprendriez comme moi que le plus infâme de tous les marchés est celui par lequel on vend son enfant!... Viens, ma fille! viens.

[Il sort avec Blanche.]

PAMELA, sortant de gauche. Ah! j'aurai donc vu un brave homme dans ma vie!

HORNER, courant ouvrir la porte du petit salon. Rodille!... Rodille!...

SCÈNE IV

HORNER, PAMELA, RODILLE.

RODILLE, paraissant. Eh bien?... quoi?... me voici!

HORNER. Lui, chassé, complète; l'inconnu qui sort d'ici tient notre fortune dans ses mains... il faut suivre cet homme.

RODILLE. Inutile!

HORNER, étonné. Comment?

RODILLE. J'ai tout vu... j'ai tout entendu.

HORNER. Alors vous comprenez que l'enfant doit à tout prix nous appartenir!

RODILLE. Parfaitement!

HORNER. Et vous refusez de suivre le père!

RODILLE. Inutile, je le connais... il se nomme Jean Vaubaron, il demeure rue du Pas-de-la-Mule... Nous aurons la petite fille, docteur Horner, nous l'aurons, je m'y engage... Je me charge de la remettre entre vos mains, et bien plus : je vous promets que personne ne viendra jamais nous la réclamer....

HORNER. Mais je moyen?... le moyen?...

RODILLE. Demain peut-être...

HORNER. Et quand?

RODILLE. Regardez! la chose comme faite....

ACTE TROISIÈME

Troisième Tableau

La cour du baron de Verville. — Corps de bâtiment à gauche, corps de bâtiment à droite. — A droite, au premier étage, ouverte au public, une chambre du logement de Vaubaron. — A gauche, occupant un inter tiers de la scène, une partie de l'hôtel du baron de Verville. — Le rez-de-chaussée (chambre d'Ursule Renaud) et le premier étage (chambre du baron), sont tous deux ouverts et se font face au public. — L'autre tiers de la scène, placé entre ces deux corps de bâtiments, est occupé par une cour avec écurie à droite, fermée par une grande porte cochère dans laquelle s'ouvre une petite porte bâtarde.

La chambre de Vaubaron est ainsi disposée : porte à droite, porte au fond, fenêtre à gauche avec balcon en saillie sur les derrières de la maison. Auprès de la fenêtre, l'établi de Vaubaron. — Table, chaises, etc. — A côté de l'établi, une figure de cire enveloppée par Curtius.

La chambre d'Ursule Renaud est meublée richement, Cher petite table toute garnie où se occupe le milieu; — porte à gauche, porte à droite. Une lampe éclaire cette chambre.

Dans la chambre du baron, lit au fond, dans une alcôve fermée de grands rideaux. — Fenêtre à droite, — porte à gauche, cofre-fort, — meubles, etc. — Une veilleuse brûle sur la table de nuit du baron de Verville. — Une lampe éclaire l'établi de Vaubaron. — Deux bougies sont placées sur la table de la chambre d'Ursule Renaud.

SCÈNE PREMIÈRE

URSULE RENAUD, au rez-de-chaussée, VAUBARON, au premier étage.

URSULE RENAUD, mettant tout en ordre sur la petite table. Je veux le traiter comme un prince! il sera content, mon Rodille!...

VAUBARON, au premier étage, sortant de la chambre du fond et s'arrêtant pendant quelques secondes sur le seuil. Reposez toutes deux, mes chères bien-aimées... je vais veiller pour vous... Dieu m'a pris en pitié... j'ai un travail maintenant et vous ne manquerez plus de rien. Ce bon M. Curtius sera l'habit et examinant la figure de cire. Ce bon M. Curtius sera l'habile et examinant la figure de cire. Ce bon M. Curtius sera l'habile et je suis sûr de la réussite, et, dans deux jours, je lui rendrai notre providence! mes calculs ne peuvent me tromper, je suis sûr de la réussite, et, dans deux jours, je lui rendrai cette figure... non plus inerte, mais animée et presque vivante. — (Après un temps.) Mais j'y pense!... moi qui des mon enfance, avec un nuez de terre glaise ou de cire à modeler, m'amusais, dans mes heures de loisirs, les visages de tous mes camarades d'atelier, — produisant ainsi des statuettes d'un art douteux mais d'une frappante ressemblance, — je pourrais aussi joindre à sa galerie les grandes figures de l'ouvrage! Oh! ce serait la fortune, j'essaieral!... Allons! à l'ouvrage! (Il s'asseit à son établi.)

URSULE, au rez-de-chaussée. Onze heures vont bientôt sonner... Dans un instant, Rodille arrivera... tout est prêt pour le recevoir... (Prenant l'oreille.) Rien encore... je vais monter auprès du baron et lui faire boire son infusion....

VAUBARON, passant son mouchoir sur son front. Le temps est lourd. J'ai la chaleur accablante... j'écoute ici... (Il se dirige vers la fenêtre donnant sur le balcon et il l'ouvre. — en entend le tonnerre gronder au loin.) Nous aurons de l'orage cette nuit. (Il revient auprès de son établi.)

SCÈNE II

Les Mêmes, LE BARON DE VERVILLE.

La porte de la chambre du baron de Verville s'ouvre et Ursule paraît une bougie à la main.

LE BARON, d'une voix faible. Qui est là?... Que me veut-on?

URSULE. Eh! cher monsieur le baron, c'est moi... (Elle ouvre les rideaux de l'alcôve. — On voit le baron, c'est un vieillard très-pâle avec des cheveux blancs.)

LE BARON. Ah! c'est vous, ma bonne Ursule!

URSULE. J'ai voulu prendre de vos nouvelles avant de m'enfermer dans ma chambre. Il est onze heures bientôt. Je viens vous offrir, pour peu que vous ayez besoin de mes soins, de passer la nuit dans un fauteuil, auprès de vous.

LE BARON. Vous êtes bonne comme toujours, mais je n'accepte pas!

URSULE. Ainsi, vous êtes calme en ce moment?

LE BARON. Oui, très-calme.

URSULE. Dans ce cas, je vais me retirer un peu plus tranquille, mais pas avant de vous avoir fait prendre une bonne tasse de votre infusion.

(La veilleuse placée sur la table de nuit, supporte une théière en porcelaine. — Ursule soulève les derniers rejetons. Ursule remplit une tasse, met du sucre dans l'infusion, agite avec une petite cuiller, verse, hors de vue du baron, elle verse dans la tasse quelques gouttes du contenu d'un flacon d'Horner, et présente ce breuvage au baron.)

LE BARON, à Ursule qui lui présente la tasse. Vous le voulez absolument?

URSULE. Je le veux... pour vous... cher monsieur le baron. — Buvez, mon ami... buvez, je vous en prie. (Le baron prend la tasse et boit.)

LE BARON, après avoir bu. Merci!...

VAUDARON, MARTHE.

MARTHE, en peignoir blanc, sur le seuil de la porte au fond. Mon ami....

VAUDARON, tressaillant. Toi, Marthe!... pourquoi donc as-tu quitté ton lit?

MARTHE. Parce que je voyais briller ta lumière à travers les fentes de la porte... Mon ami, tu t'épuises!... je t'en supplie, repose-toi, tu termineras ce travail demain... la force humaine a des bornes! abuses de ton courage.

VAUDARON. Chère enfant!... accorde-moi une heure encore... plus qu'une heure.

MARTHE. Bien qu'une heure, bien vrai?

VAUDARON. Travaillant encore un peu... mais je retiens ta parole et, dans une heure, je veux te voir endormi.

VAUDARON. Rejoins ton lit, chère bien-aimée, tu sauras obéis-tu bien, c'est mon repos!

(Il l'embrasse sur le front et la reconduit, puis il revient s'asseoir, deux sources sonnent au loin. — Moment de silence.)

LA VOIX DE RODILLE, chantant un air de Robert le Diable. Oui, fortune, à ton caprice...

SCÈNE IV

VAUDARON, URSULE, puis RODILLE.

URSULE, tremblant, sortant du rez-de-chaussée et descendant dans la cour. C'est lui!... c'est Rodille!... (Elle court à la porte cochère et verrou, Rodille entre dans la cour.) Est-ce vous, Rodille?

RODILLE, au dehors. Oui, c'est moi!

URSULE. Venez, venez vite!...
(Ursule ouvre la porte, Rodille entre dans la cour.)

RODILLE, déposant son chapeau sur une table. Voici la pluie qui commence... Il était temps d'arriver!

VAUDARON, au premier étage. Oh! ce sommeil qui m'accable!... Je ne veux pas céder... je serai le plus fort!...

(Il se lève, fait quelques pas dans la chambre et dit ces paroles.)

URSULE. Ah! cher Rodille, avec quelle impatience je vous attendais!... d'abord, j'ai toujours peur de votre présence, et puis cette nuit, il y a dans l'air je ne sais quoi qui m'effraie... mais enfin, vous voilà et je n'ai plus peur... je vous vois et je suis heureuse.

RODILLE, s'asseyant. Votre impatience était partagée Ursule. Loin de vous je ne vis point, mais dites-moi, chère, que craignez-vous donc pour cette nuit?

URSULE. Et je ne sais-je moi-même! j'éprouvais un vague effroi, voilà tout... une terreur inexplicable et sans cause. RODILLE. Cette cause, je la connais... vous êtes nerveuse... comme toutes les jolies femmes... vous redoutez l'instinctivement l'orage qui s'apprête.

URSULE. Eh! que m'importe l'orage puisque vous êtes là... puisque j'ai vos mains dans mes mains?... Je me suis occupée de vous, mon Rodille, (Lui montrant la table dressée.) voyez, j'ai tout-préparé moi-même.

RODILLE. Vertugadin! charmant spectacle!...

URSULE. J'ai voulu que mon Rodille, mon bien-aimé, mon futur mari, eût ce soir un souper digne d'un roi!

RODILLE. Ursule... oh! Ursule, vous êtes une créature sans pareille... vous méritez d'être idolâtrée par tous les princes et par tous les rois de la terre.

URSULE. Que m'importent les rois et les princes? je ne veux qu'un seul amour au monde : l'amour de mon Rodille, nobille... Il est à vous tout entier! j'en prends à témoin Cupidon lui-même, dieu de Paphos et de Cythère (Baissant la voix sur un geste d'Ursule), et les ombres de tous les Rodille, mes aïeux. (Apercevant, aidé d'Ursule, la table au milieu du théâtre.) A table, mon idole!... à table!... (Il s'assied, débouche une bouteille et verse dans des deux verres.) On ne saurait être mieux pour parler d'amour qu'en savourant une tranche de quelque pâté de bonne mine.

URSULE, désignant le plat et le découvrant. Celui-ci est de perdrix rouges aux truffes de Périgueux, puisse-t-il vous sembler passable!...
(Elle sort Rodille.)

(Ursule reparaît au rez-de-chaussée.)

VAUDARON. D'où vient donc cette fatigue qui m'écrase? J'ai peine à lutter contre le sommeil... c'est l'orage, sans doute, qui se rapproche de plus en plus.

SCÈNE III

(Ursule ouvre la porte de l'escalier dérobé et disparaît un instant; puis elle revient, feuillette livre tremolant un flacon de sa poche et verse quelques gouttes du contenu de ce flacon dans le verre d'Ursule.)

RODILLE. Écoutez donc...
URSULE. Vous croyez?

RODILLE. Il me semble que je viens d'entendre quelque bruit là-haut!

URSULE, reprenant à asseoir. Vous vous étiez trompé... il dort... à nos amours. A merveille! nous sommes chez nous!... Buvons à nos amours, nous sommes chez nous!... infanticide!

URSULE. A notre prochain mariage, mon Rodille! (Elle prend son verre et boit; Rodille tressaille et la suit avidement des yeux. — Il se confidence que le baron n'en avait plus que pour quelques jours.

URSULE. Rien absolument.

RODILLE. Avez-vous cherché, comme je vous l'avais dit, vos papiers de famille dont j'aurai besoin pour les publications?

URSULE. Dans ce cas, rien ne nous empêche de faire plier nos bans tout de suite, pour être en mesure quand le digne homme aura quitté ce monde....

RODILLE. Voulez-vous me les donner?
URSULE. Si je le veux! ah! je le crois bien, (Elle se lève, se dirige vers un petit bonheur du jour placé dans le fond de la pièce, et y prend plusieurs papiers.) Avec ça!) Ah! c'est singulier! ma tête tourne... j'ai des éblouissements... il me semble que je vais tomber.

RODILLE, se levant et la soutenant. C'est l'orage...
URSULE, chancelant. Oui, oui... (Elle se raidit.) Rodille reste debout près d'elle. — Tendant un papier à Rodille.) Voici l'acte de décès de mes parents, et voilà mon acte de naissance!... Mon Dieu, cher Rodille, malgré moi, je frissonne et vous donnant ces actes, si vous allez cesser de m'aimer quand vous verrez que je suis riche moins que de m'aimer, ne croyez?

RODILLE. Vous êtes belle comme à vingt ans! Buvons donc à notre prochain mariage, buvons à notre flamme éternelle. (Il met les papiers dans sa poche et revient s'asseoir en face d'Ursule.) À notre bonheur.

URSULE. Ah! nous avons un bel avenir devant nous!...
RODILLE, riant. Oui, l'amour!... car sans lui que serait la fortune?
URSULE. Oui, l'amour!
RODILLE, riant et chantant. Oui, l'or n'est une chimère!...
URSULE, pâlissant. Mais qu'est-ce donc que j'éprouve!... si vous n'étiez pas là... j'aurais peur....
RODILLE, la suivant du regard, à elle. Ah! vous m'étiez toujours!!! Mes paupières se ferment... Ah! je... je vous vois plus... Rodille!... je ne vous vois plus... je...

URSULE, se levant avec frayeur. Ah!

(Elle retombe assise, sa tête s'appuie sur son épaule. Elle reste sans mouvement. Rodille, sans prononcer un mot, débarrasse la table de tous les couverts, remet chaque chose à sa place, puis se dirige vers la porte du petit escalier en disant :)

RODILLE. A l'œuvre, maintenant!

(Il prend un bougeoir et s'engage dans l'escalier qui conduit à la chambre du premier étage.)

VAUDARON. Le sommeil est le plus fort. Ma résistance est vaincue... je suis vaincu.

(Il appuie sa tête et ses bras sur son établi et s'endort. — L'orage se rapproche. — On entend le tonnerre.)

RODILLE, ouvrant sans bruit la porte de la chambre à coucher du baron, et paraissant sur le seuil, sans lumière. Il y voici!

(Il laisse retomber les rideaux. Rodille reste immobile pendant une seconde, puis retenant sa respiration, écoutant le bruit de ses pas, il se glisse dans l'alcôve. — On entend un cri... Rodille reparaît. Il est livide. Il tient un trousseau de clefs. Une de ses mains est tachée de sang.)

RODILLE. Tout est fait! au coffre-fort! (Il ouvre le coffre.) Les billets de banque... les voici! (Il les entasse dans ses poches.) Des sacs d'écus.... Il faut les laisser... c'est trop lourd.... (prenant un petit écrin de chagrin rouge.) Un diamant magnifique.... Il est du meilleur, je l'ai déjà dans l'alcôve.) — On entend un cri.... Rodille reparaît. Il est livide. Il tient un trousseau de clefs. Une de ses mains est tachée de sang.

LE BARON, d'une voix faible. Qui va-là!... qui marche là?...
RODILLE, à lui-même. Éveillé... Diable!
LE BARON, se soulevant et écartant les rideaux, regarde dans la chambre.
— Personne!... je rêvais!! trompé!

(Il laisse retomber les rideaux. Rodille reste immobile pendant une seconde, puis retenant sa respiration, écoutant le bruit de ses pas.)

RODILLE, bonne prise. (Regardant autour de lui.) Allons!... (Il disparaît. — La scène reste vide pendant un instant. — La scène change que le théâtre masque les éclats de l'orage. — Rodille reparaît au rez-de-chaussée, la masque, les éclats de l'orage. — Rodille reparaît au rez-de-chaussée.
— Il jette un regard sur Ursule, s'approche d'une glace placée au fond, tire une fausse barbe du fond de son chapeau, se la place sur le visage et s'appuie...

proche de la table. — Il éteint la lampe, moment de silence. — Aucune preuve contre moi, et maintenant je vais inventer un coupable. (Il quitte la chambre, traverse la pièce du rez-de-chaussée, et paraît dans la cour. — Il jette un regard sur la fenêtre de Vaubaron, — va prendre l'échelle de soie qu'il a cachée et s'avance vers la porte des écuries placées sous l'appartement du mécanicien. — Il tâte avec ses mains et cherche un appui.) Ah!... Me voilà presque dans la place... malheureusement, pour entrer, il me faudra casser un carreau et ce Vaubaron est capable de crier au voleur comme s'il y avait quelque chose à voler chez lui. (Il commence à monter vers la fenêtre de Vaubaron, s'aidant des gonds de la porte des écuries, des jours pratiqués dans les panneaux et du balcon. — A ce moment un éclair embrase la scène et lui montre la fenêtre de Vaubaron entr'ouverte, — violent coup de tonnerre.) Décidément la chance m'est fidèle jusqu'au bout. La fenêtre est entr'ouverte et je vois de la lumière dans la chambre. (Il attache son échelle au balcon, pousse la fenêtre déjà entr'ouverte et jette un coup d'œil à l'intérieur. — Voyant Vaubaron endormi.) Il dort... (Enjambant le balcon et désignant Vaubaron.) L'assassin du baron de Verville... le voici!...

Quatrième Tableau

La chambre de Jean Vaubaron. Répétition exacte de celle du 3ᵉ tableau. Porte au fond — porte à droite — fenêtre à gauche, etc.

SCÈNE PREMIÈRE

VAUBARON, MARTHE, BLANCHE, puis LA MÈRE SUZANNE.

(Marthe est à demi étendue sur la chaise longue. Vaubaron tient Blanche sur ses genoux. La mère Suzanne met de l'ordre dans cette pièce et dans la pièce voisine.

VAUBARON. Vois-tu, chère Marthe, comme notre fille est fraîche et rose aujourd'hui... sa promenade d'hier lui a fait beaucoup de bien.

MARTHE. La pauvre petite a grand besoin de distractions... elle mène une vie bien triste dans ce logement, entre toi qui travailles sans cesse, et moi qui suis toujours souffrante.

VAUBARON. C'est vrai, mais grâce à Dieu les distractions ne lui manqueront plus à l'avenir.

BLANCHE. Comme ça, papa, tu me mèneras encore promener?...

VAUBARON. Oui, chère enfant, je te le promets...

BLANCHE. Souvent?

VAUBARON. Tous les jours...

BLANCHE, sautant à terre et frappant dans ses mains. Oh! papa, que tu es bon! J'aime tant sortir... voir du monde, des belles dames et des voitures! quel bonheur! quel bonheur!

VAUBARON, allant à sa femme. Et toi, ma bien-aimée Marthe, aujourd'hui comment te trouves-tu?

MARTHE. Un peu faible, mon ami, l'orage et l'insomnie de la nuit dernière m'ont fatiguée... mais, à part cette fatigue, je vais bien... le docteur avait raison, ma convalescence sera courte.

VAUBARON, à lui-même. Que Dieu l'entende!...

LA MÈRE SUZANNE, entrant de droite, un panier à la main. Là... voilà tout bien en ordre... maintenant, monsieur Vaubaron, je puis faire vos courses... je vais aller chercher vos provisions... que faut-il apporter?...

VAUBARON, gaiement. Tout ce que vous trouverez de meilleur, ma chère voisine... rien n'est trop bon pour mes deux trésors... (Il met une pièce d'or dans la main de la mère Suzanne.)

LA MÈRE SUZANNE, étonnée et ravie. Ah çà, mais vous voilà donc devenus riches!

VAUBARON, riant. Comme vous dites, ma voisine! la fortune vient en dormant... une petite fortune, mais enfin, c'est un commencement...

LA MÈRE SUZANNE. Eh bien, vous me croirez si vous voulez, mais, parole d'honneur, j'en suis plus contente que vous-même...

VAUBARON. Je vous crois, ah! je vous crois, ma chère voisine... je sais combien vous nous aimez.

LA MÈRE SUZANNE. Et le moyen de ne pas vous aimer, donc? Vous êtes de si braves gens!... Je vais vous apporter ça tout de suite, le rôtisseur, la fruitière et le marchand de vin sont à deux pas... (Elle sort.)

SCÈNE II

VAUBARON, MARTHE, BLANCHE.

VAUBARON. Non, mes amours, vous ne manquerez plus de rien maintenant... puisqu'enfin je pourrai vous faire vivre dans l'aisance par mon travail!... (S'asseyant à son établi.) Ah! l'avenir, hier, me semblait bien sombre et bien menaçant... j'étais écrasé sous le fardeau de mes inquiétudes, de mes angoisses...

MARTHE, d'un ton de reproche, allant à lui. Et tu ne me disais rien, mon ami! tous tes chagrins, tous tes soucis, tu les gardais pour toi! ah! c'est mal! c'est bien mal!...

VAUBARON. A quoi bon t'attrister par d'inutiles confidences? Aujourd'hui tout est changé. L'espérance a pris la place du découragement!... Je trouve que la vie est belle, que les hommes sont bons, et je bénis Dieu qui nous protège!...

MARTHE. Et moi aussi, mon ami, je le bénis et je le remercie...

VAUBARON. Ah çà! mais, ce brave homme d'huissier qui s'intéressait à moi et me poursuivait qu'à contre-cœur, devait venir ici ce matin!... l'heure se passe... (Se levant.) il ne vient pas, je vais aller chez lui.

MARTHE. Tu sors?

VAUBARON. Oui... j'ai hâte de me débarrasser d'une dette qui me paraissait si lourde, et qui pouvait me séparer de toi! Comprends-tu bien ces horribles mots, chère femme, me séparer de toi!... (Il l'embrasse.)

MARTHE. Ah! j'en serais morte!...

VAUBARON. Dieu ne le voulait pas... Dans une demi-heure, au plus tard, je serai de retour.

(Il remonte au fond, prendre son chapeau.)

SCÈNE III

LES MÊMES, LA MÈRE SUZANNE.

LA MÈRE SUZANNE, rentrant. Madame Marthe, voilà vos provisions. (Marthe prend le panier que lui présente la mère Suzanne, et sort à droite avec sa fille. — (A Vaubaron, à demi-voix.) Dites donc, monsieur Vaubaron, ce M. d'avant hier... vous savez... l'huissier... il est là... j'arrivais comme il allait sonner à la porte... j'ai voulu vous prévenir et je l'ai prié d'attendre un instant...

VAUBARON, replaçant son chapeau sur une table. Merci, ma bonne voisine... mais maintenant sa visite n'a plus rien qui m'inquiète... Vous pouvez lui ouvrir.

LA MÈRE SUZANNE, s'approchant de la porte. Entrez, monsieur Baudier, entrez... (L'huissier entre et salue Vaubaron.) Maintenant, je vas faire mes ménages! au revoir, monsieur! (Elle sort par le fond.)

SCÈNE IV

VAUBARON, M. BAUDIER.

BAUDIER. Mon cher monsieur Vaubaron, je me suis bien occupé de vous depuis hier... j'ai fait ce que j'ai pu... je suis retourné chez le créancier... Tout a été inutile... il est inflexible plus que jamais, il ne veut absolument rien accorder... pas même du temps...

VAUBARON, gaîment. Il ne veut rien accorder, ce tigre de créancier! voilà qui se trouve à merveille, puisque je ne demande rien.

BAUDIER, surpris. Vous avez donc la possibilité de me donner un fort à-compte!

VAUBARON. Mieux que ça!...

BAUDIER. Comment! Le capital?...

VAUBARON. Le capital, les intérêts, les frais, monsieur Baudier... toutes les herbes de la saint-Jean, je paie intégralement.

BAUDIER. Eh bien, mon cher monsieur Vaubaron, je vous félicite de bon cœur! vous êtes heureux, car, en sortant d'ici, j'étais forcé de porter les pièces au garde du commerce! Devoir pénible, mais absolu. Dura lex, sed lex

VAUBARON. Oui, mais je paie, et le garde du commerce n'a plus rien à voir dans mes affaires... avez-vous là mon dossier?

BAUDIER, lui donnant le dossier. Le voilà, cher monsieur Vaubaron.

VAUBARON, allant à son établi et prenant dans une boîte trois billets de banque qu'il dépose en face de M. Baudier. Et voici les fonds... vous aurez à me rendre sur trois mille francs, faites votre compte, je vous prie... je n'ai pas de monnaie.

BAUDIER. Parfaitement bien... (Il prend les billets de banque, les déploie, et les laisse tomber sur l'établi avec un geste d'étonnement et d'effroi.)

VAUBARON, surpris. Qu'y a-t-il donc? qu'avez vous?

BAUDIER, d'une voix sourde. Il y a du sang sur ces billets!...

VAUBARON. Du sang!...

BAUDIER. Voyez vous-même...

VAUBARON, ramassant les billets et les regardant à son tour. Ces taches rougeâtres... toutes fraîches... c'est vrai : c'est du sang!...

BAUDIER. Ne le saviez-vous pas?...

VAUBARON. Comment l'aurais-je su?...

BAUDIER. Vous avez-donc bien peu regardé ces billets en les recevant?...
VAUBARON. Oui... bien peu... d'ailleurs il faisait sombre quand on me les a donnés...
BAUDIER, regardant Vaubaron avec défiance. Ah! (Après un silence.) D'où vous viennent ces billets?
VAUBARON, blessé, reposant les billets sur l'établi. Que vous fait cela? l'essentiel est que je les possède.
BAUDIER. Vous avez raison... oh! parfaitement raison... En effet, ce n'est pas moi que le reste regarde.
VAUBARON. Le reste? que voulez-vous dire?
BAUDIER, passant à l'établi et y déposant les six cent vingt francs. Rien! j'ai six cent vingt francs à vous remettre... les voilà... (Prenant les billets et les serrant dans sa poche.) Votre serviteur, monsieur Vaubaron.. (Il se dirige vers la porte.)
VAUBARON. Monsieur Baudier... vous avez été bon pour moi, autant que vous l'avez pu, pendant mes ennuis... Je vous en suis bien reconnaissant... Laissez-moi serrer votre main, monsieur Baudier.
BAUDIER, retirant vivement sa main. Inutile, monsieur Vaubaron, inutile...
VAUBARON, stupéfait. Mais...
BAUDIER, sèchement. Votre serviteur... (Il salue et sort.)

SCÈNE V

VAUBARON, puis MARTHE et BLANCHE.

VAUBARON, à lui-même. Cet homme est fou!... voilà ma joie toute troublée!... Pourquoi donc a-t-il refusé de me serrer la main?... Pourquoi donc y avait-il du sang sur ces billets?...
(Il se laisse tomber sur un siége, auprès de l'établi, et s'enfonce dans une rêverie profonde.)
MARTHE, qui vient de rentrer avec Blanche, voyant le visage bouleversé de son mari. Mon Dieu, mon ami, qu'as-tu donc? est-ce que tu viens d'apprendre de fâcheuses nouvelles?...
VAUBARON. Pourquoi me demandes-tu cela?
MARTHE. Parce que tu as la figure toute bouleversée!...
VAUBARON, se levant et s'efforçant de sourire. Eh bien, ma figure est menteuse, elle ne devrait respirer que la joie et la confiance... ne pas se trouver heureux, et douter de l'avenir, ce serait faire acte d'ingratitude.
MARTHE. À la bonne heure, et me voici rassurée.
VAUBARON, distrait. Oui... oui... rassure-toi... rassure-toi... (Retombant dans sa rêverie.) Oh! ce sang... c'est bien étrange!...
(Une rumeur sourde se fait entendre dans la rue.)
MARTHE, tressaillant. Mon ami, entends-tu ce bruit?...
VAUBARON, toujours distrait. Eh bien, ce bruit?...
MARTHE. On dirait qu'une grande foule est arrêtée devant notre maison.
VAUBARON. Une grande foule... que viendrait-elle faire?
MARTHE. Écoute... écoute...
(La rumeur recommence. Vaubaron se dirige vers la fenêtre, l'ouvre et s'avance sur le balcon, — la rumeur redouble.)
VAUBARON, se tournant vers Marthe. Tu avais raison... un rassemblement très-nombreux s'est formé dans la cour de l'hôtel du baron de Verville, — on dirait que tous les yeux sont tournés vers cette fenêtre... veux-tu que je descende et que je m'informe de ce qui se passe!...
MARTHE. À quoi bon? cela ne peut nous intéresser beaucoup n'est-ce pas?
VAUBARON, revenant à Marthe. Ah! ma foi, je ne m'en inquiète guère... (Nouvelles clameurs de la foule.)
MARTHE. Mon ami, c'est singulier, il me semble que j'ai peur...
VAUBARON. De quoi donc?...
MARTHE. Je ne sais pas, mais j'ai le cœur serré...
VAUBARON. Eh bien! chère enfant, rassure-toi... Je t'affirme que l'apparence même du danger n'existe pas...
(On frappe violemment à la porte d'entrée, Vaubaron fait un pas pour aller ouvrir.)
MARTHE, se soulevant et saisissant le bras de Vaubaron. N'y va pas, mon ami... n'y va pas... je te répète que j'ai peur...
BLANCHE, se cramponnant à son père. J'ai peur aussi, père... n'y va pas...
VAUBARON, se dégageant. Et moi, chères folles bien-aimées, je vous re ète qu'il n'y a rien à craindre.
(On frappe de nouveau et plus violemment. Vaubaron se dirige vers la porte qu'il ouvre Le substitut du procureur du roi, le commissaire de police, deux agents et le secrétaire du substitut paraissent sur le seuil — derrière eux on voit des uniformes et des baïonnettes.)

SCÈNE VI

LES MÊMES, M. DE PENARVAN, LE COMMISSAIRE DE POLICE, LES AGENTS, SOLDATS.

VAUBARON, avec stupeur. Messieurs, n'y a-t-il point ici quelque méprise!... Est-ce bien moi que vous demandez?...

M. DE PENARVAN. Vous vous nommez Jean Vaubaron?
VAUBARON. Oui, monsieur...
M. DE PENARVAN. Mécanicien et ciseleur?...
VAUBARON. Oui, monsieur...
M. DE PENARVAN. Je suis substitut du procureur du roi, monsieur, et j'ai quelques questions à vous adresser.
VAUBARON. Je suis à vos ordres, monsieur...
M. DE PENARVAN. Vous êtes locataire du logement dans lequel nous nous trouvons en ce moment.
VAUBARON. Oui, monsieur...
M. DE PENARVAN. Vous avez une fenêtre garnie de balcon, donnant sur la cour de l'hôtel du baron de Verville?...
VAUBARON. Oui, monsieur...
M. DE PENARVAN. Voyons cette fenêtre?
VAUBARON. Quoique j'ignore le but de votre démarche, monsieur, je m'y soumets avec empressement; mais comme ma femme est très-gravement souffrante, je vous demande pour elle la permission de se retirer, avec son enfant, dans la pièce voisine.
M. DE PENARVAN. Très-bien, monsieur.
(Le substitut et le commissaire de police traversent la chambre, se dirigent vers la fenêtre et s'avancent sur le balcon.)
MARTHE, à Vaubaron. Je tremble... que viennent-ils faire ici? que cherchent-ils?...
VAUBARON. Comment le saurais-je?... Mais rassure-toi, chère Marthe, dans un instant tout va s'éclaircir... va, va, je te dirai tout.
MARTHE. Mais!...
VAUBARON. Va! va donc, je t'en prie!
MARTHE, à part, sur le seuil de la chambre. Oh! j'écouterai!
(Elle sort avec Blanche.)

SCÈNE VII

M. DE PENARVAN, LE COMMISSAIRE, LE SECRÉTAIRE, AGENTS, SOLDATS.

M. DE PENARVAN, quittant le balcon. M. Vaubaron, prétendez-vous et êtes-vous en mesure de faire affirmer par des témoins dignes de foi, que vous avez passé la nuit dernière hors de cette maison.
(Le secrétaire du substitut va s'asseoir à une table au fond et se met à écrire.)
VAUBARON, vivement. Mais, monsieur, je ne prétends rien de semblable...
M. DE PENARVAN. Vous êtes donc resté, depuis hier soir, dans votre logement?...
VAUBARON. Oui, monsieur, et je ne suis point encore sorti aujourd'hui... puis-je vous prier de m'apprendre quels sont vos motifs pour m'adresser de semblables questions?...
M. DE PENARVAN, à lui-même. Ni trouble... ni terreur!...
VAUBARON. Vous ne me répondez pas, monsieur, n'ai-je donc point le droit de savoir ce qui vous amène ici et ce que vous attendez de moi?...
M. DE PENARVAN. Ce qui m'amène, monsieur, c'est un devoir pénible, une mission rigoureuse. Jean Vaubaron, je vous arrête au nom de la loi...
VAUBARON, stupéfait d'abord, puis se rassurant. M'arrêter! — je commence à deviner, monsieur, d'où vient votre erreur. Ce matin, il est vrai, je me trouvais sous le coup d'un jugement de prise de corps, que vous venez faire exécuter sans doute, mais l'huissier chargé de poursuivre sort d'ici... je l'ai payé, et le billet est rentré dans mes mains, ainsi qu'il m'est facile de vous en donner la preuve.
M. DE PENARVAN. De quel billet parlez-vous?
VAUBARON, prenant le dossier sur l'établi et le présentant au magistrat. De celui-ci, monsieur... le seul que j'aie jamais signé...
M. DE PENARVAN, parcourant le dossier. Vous passiez dans votre quartier, pour être gêné.
VAUBARON. Et je l'étais en effet, monsieur... je n'ai point à rougir de ma pauvreté... elle ne provient pas de l'inconduite...
M. DE PENARVAN. Avec quoi donc avez-vous payé?
(Il donne au commissaire le dossier et le billet.)
VAUBARON. Avec trois billets de mille francs...
M. DE PENARVAN. Pourquoi vous êtes-vous acquitté ce matin plutôt qu'hier?...
VAUBARON. Parce qu'hier je ne possédais pas la somme nécessair pour désintéresser mon créancier.
M. DE PENARVAN. Vous avez donc touché de l'argent depuis hier?...
VAUBARON. Oui, monsieur...
M. DE PENARVAN. Une somme importante?
VAUBARON. Quatre mille francs....
M. DE PENARVAN. Cette somme vous était due?...
VAUBARON. Non, monsieur...
M. DE PENARVAN. Prêtée?...
VAUBARON. Pas davantage!...

M. DE PENARVAN. Donnée alors?
VAUBARON. Oui, monsieur...
M. DE PENARVAN. Hier au soir ou cette nuit?...
VAUBARON. Cette nuit...
M. DE PENARVAN. Par qui?
VAUBARON, avec un extrême embarras. Pour répondre à cette question, Monsieur, il me faut vous raconter toute une histoire.
M. DE PENARVAN. Pourquoi donc?... il ne s'agit au contraire, ce me semble, que de prononcer un nom... le nom de l'ami ou du bienfaiteur qui vous est si généreusement venu en aide...
VAUBARON, troublé. C'est que, ce nom, je l'ignore.
M. DE PENARVAN, visiblement incrédule. Ah! vous l'ignorez!..
VAUBARON. Oui, monsieur... cela vous semble étrange peut-être, invraisemblable, même... je le comprends, mais je ne puis que vous raconter comment les choses se sont passées...
M. DE PENARVAN. Parlez, monsieur... quoi que vous ayez à me dire, je vous écoute...
(Il s'assied à droite.)
VAUBARON. La nuit dernière était orageuse..je travaillais dans cette pièce.. vers les deux heures du matin je me sentis accablé par la fatigue, par la chaleur, et je m'endormis malgré moi, sur une chaise auprès de mon établi... Je fus réveillé par la lueur d'un éclair, par le fracas d'un coup de tonnerre et j'aperçus debout à côté de moi un homme que je n'avais jamais vu... Dans le premier moment, je crus que cet homme me menaçait. Je m'emparai d'un marteau et je m'apprêtai à me défendre... il s'empressa de me rassurer... Je lui demandai qui il était. « Je suis un envoyé de la Providence, me répondit-il. Je vous connais, je m'intéresse à vous, je viens vous sauver.» vous avez des dettes, vous êtes poursuivi... Je vous apporte la liberté...» En même temps, il laissait tomber sur l'établi quatre billets de banque de mille francs... La reconnaissance m'étouffait... je ne trouvais pas de mots pour le remercier, je ne pouvais que balbutier des phrases sans suite... Il m'interrompit... je le suppliai de m'apprendre au moins son nom... Il refusa et me dit adieu, Voilà la vérité, monsieur, voilà la vérité toute entière...
M. DE PENARVAN. De quelle façon l'homme dont vous parlez est-il entré chez vous?...
VAUBARON. Je ne sais, monsieur... je vous l'ai dit, j'étais endormi...
M. DE PENARVAN. La fenêtre était-elle ouverte?
VAUBARON, après avoir recueilli ses souvenirs. Oui, monsieur...
M. DE PENARVAN. Comment ne supposez-vous pas, alors, que l'inconnu soit arrivé par cette fenêtre?
VAUBARON. Parce qu'il est absolument impossible, du dehors, d'atteindre le balcon.
M. DE PENARVAN, se levant. A moins d'avoir une échelle, cependant.
VAUBARON. Mais le moyen de se procurer une échelle au milieu de la nuit...
M. DE PENARVAN, allant au balcon et lui montrant l'échelle de soie que le commissaire de police a tirée à lui. Connaissez-vous cela?
VAUBARON, avec un geste de stupeur. Non, monsieur!...
M. DE PENARVAN. Cette échelle, cependant, est encore attachée à la barre d'appui, vous le voyez...
(Le commissaire de police décroche l'échelle et la place sur une table).
VAUBARON. Mais alors elle a dû servir pour monter chez moi!...
M. DE PENARVAN. Vous ignoriez, dites-vous, sa présence?...
VAUBARON. Oui, monsieur, je le jure...
M. DE PENARVAN. Vous avez employé trois billets à payer votre dette... qu'avez-vous fait du quatrième?
VAUBARON. Je l'ai laissé sur l'établi, dans cette boîte.
M. DE PENARVAN, au commissaire. Voyez!...
(Le commissaire prend sur l'établi le billet de banque, et en même temps un petit écrin de chagrin rouge, et remet au magistrat ces deux objets.)
M. DE PENARVAN, après avoir déployé et examiné le billet. Il est taché de sang!... L'ignoriez-vous aussi?
(Il donne le billet au commissaire qui le joint aux preuves de conviction.)
VAUBARON. Les trois autres étaient également tachés... je ne m'en suis aperçu qu'en les remettant aux mains de l'huissier... c'est lui qui me l'a fait remarquer.
M. DE PENARVAN, montrant à Vaubaron l'écrin de chagrin rouge. Qu'est-ce que ceci?...
VAUBARON, balbutiant. Ceci, mon Dieu, qu'est-ce donc?
M. DE PENARVAN. Je vous le demande. (Il ouvre l'écrin.) Un diamant magnifique et d'une grande valeur! vous vient-il aussi de ce généreux inconnu qui vous apporte, la nuit, des billets de banque tachés de sang?

VAUBARON. Ah! je devine... je comprends tout!.... l'homme de cette nuit était debout à cette place... il aura laissé tomber ce joyau en déposant les billets de banque sur l'établi... cela vous paraît évident comme à moi-même, n'est-ce pas, monsieur?
M. DE PENARVAN, sans répondre. Prétendez-vous ne point avoir connaissance des crimes dont vous êtes présumé l'auteur et qui motivent votre arrestation?...
VAUBARON. Des crimes! vous me parliez de crimes!... non, monsieur, cent fois non!... je ne les connais pas.
M. DE PENARVAN. Une jeune femme et un vieillard infirme, ont péri, lâchement frappés.
VAUBARON. Un vieillard, une femme, et c'est moi qu'on accuse?...
M. DE PENARVAN. Ce vieillard, votre voisin le plus proche, se nommait le baron de Verville... la seconde victime était employée chez lui à titre de femme de charge et s'appelait Ursule Renaud... La femme de charge a été foudroyée par une forte dose d'un poison dont la nature n'est point encore déterminée... l'acide prussique, selon toute apparence. — Ce premier crime accompli, l'assassin s'est introduit dans la chambre du vieillard et l'a frappé en pleine poitrine.
VAUBARON. Ah! c'est horrible!
M. DE PENARVAN, mettant sous les yeux de Vaubaron un poignard qu'il prend des mains du commissaire. Connaissez-vous ce poignard?
VAUBARON. Ce poignard...
M. DE PENARVAN. Il vous a appartenu, n'est-ce pas?
VAUBARON. Oui, monsieur.
M. DE PENARVAN. Ah!
VAUBARON. Dans un pressant besoin d'argent j'ai vendu cette arme avec d'autres objets à un brocanteur!...
M. DE PENARVAN. Quand?
VAUBARON. Hier...
M. DE PENARVAN. Le nom de ce brocanteur?
VAUBARON. Laridon...
M. DE PENARVAN. Il demeure?
VAUBARON. Dans cette maison même... au rez-de-chaussée..
(Le substitut dit quelques mots tout bas au commissaire qui va répéter les ordres de M. de Pénarvan à un agent. L'agent s'éloigne vivement.)
M. DE PENARVAN, à Vaubaron. C'est avec ce couteau que s'est commis le crime; mais, comme la Providence veille, comme la justice divine rend le coupable aveugle et sourd, afin qu'il se livre lui-même à la justice humaine, vous avez oublié cette arme dans la blessure de votre victime.
VAUBARON, avec une sorte de délire. Ma victime!.. Dieu du ciel! mais vous me croyez donc coupable!...
M. DE PENARVAN rendant le poignard au commissaire. Et qui donc le serait, lorsque tant de preuves vous écrasent?...
VAUBARON, avec véhémence. Qui donc? mais ne le voyez-vous pas? ne le devinez-vous pas? cet homme, cet inconnu, que je regardais comme un bienfaiteur, il doit être à coup sûr l'auteur du double crime commis dans la maison voisine, ces billets, ces billets tachés de sang qu'il me donnait avec une si étrange générosité, étaient une partie des dépouilles de ses victimes!... Et j'ai béni ce monstre!... et j'ai touché ces billets sanglants!.. Ah! cette pensée m'épouvante! ce souvenir me glace d'horreur!
M. DE PENARVAN. Est-ce là votre système de défense?
VAUBARON. Mon système de défense! Eh! je ne songe pas même à me défendre d'un crime impossible... Cette échelle suspendue au balcon et dont j'ignorais la présence, est pour moi une révélation toute entière! Le vrai!.. le seul coupable, celui qu'il faut chercher, qu'il faut trouver, qu'il faut punir, c'est l'homme dont la voix résonne encore à mon oreille... l'homme que je reconnaîtrais partout! (Voyant un geste de doute.) Oh! mon Dieu! oh! mon Dieu, vous ne me croyez pas?...
M. DE PENARVAN. Il deviendra possible de vous croire quand vous aurez fourni à la justice les moyens de retrouver cet et faire comparaître devant elle le visiteur nocturne que vous prétendez être le vrai et le seul coupable... jusque-là, comment admettre l'existence d'un être quasi-fantastique, dont rien ne prouve la réalité!..
VAUBARON, avec accablement. Hélas, monsieur, vous savez bien que je ne le connais pas, ce démon qui me perd! je ne puis que vous répéter : Je suis innocent! Le crime dont on m'accuse est le crime d'un autre!

SCÈNE VIII

Les Mêmes, L'AGENT, puis LARIDON.

L'AGENT, paraissant au fond. M. le substitut, l'homme est là...
M. DE PENARVAN. Qu'il entre... (Il va s'asseoir près de l'établi.)
(L'agent fait entrer Laridon qui porte sous son bras un gros registre. — Le brocanteur a l'air très-ému, très-effrayé.)
VAUBARON, voyant Laridon, au substitut. Ah! monsieur, soyez

béni pour cette bonne pensée! vous allez donc avoir la preuve irrécusable que je n'ai pas menti!

M. DE PENARVAN, à Laridon. Vous vous nommez Laridon? Vous êtes marchand brocanteur?

LARIDON. Oui, mon magistrat, Nicolas-Polycarpe Laridon... pour vous servir...

M. DE PENARVAN, désignant Vaubaron. Vous connaissez monsieur?..

LARIDON. Non! c'est-à-dire que je le connais... sans le connaître, comme on peut se connaître entre voisins!..

M. DE PENARVAN. Lui avez-vous acheté hier divers objets parmi lesquels se trouvait le poignard qu'on vous représente en ce moment? (Le commissaire présente à Laridon le poignard de Vaubaron.)

LARIDON. Non, je n'ai rien acheté hier à M. Vaubaron... ni hier ni un autre jour.

VAUBARON. Eh! quoi! vous avez oublié!.. non, non.., c'est impossible!... un tel oubli me serait trop fatal!.. Vous allez vous souvenir... vous allez dire à monsieur le substitut que je n'ai pas menti, que je vous ai vendu une timbale, des boucles d'oreilles et ce poignard!

LARIDON. Ah! certes, je voudrais de tout mon cœur pouvoir faire ce que vous me demandez, car c'est une chose bien pénible de voir un voisin dans la peine... malheureusement, il ne m'est point possible de vous satisfaire... nous sommes ici devant un magistrat que je respecte trop pour dire autre chose que la vérité.

VAUBARON, presque en démence. Mais c'est infâme! oh! oui, bien infâme! — Cet homme se souvient! cet homme n'a rien oublié! il est mon ennemi... il veut me perdre!.. pourquoi! je l'ignore! mais il le veut, et son silence est le plus lâche des assassinats! — Achève donc ton œuvre, misérable! parjure-toi! soutiens que j'ai menti!.. Le châtiment ne se fera point attendre! Je te maudis, et Dieu te juge!...

M. DE PENARVAN. Jean Vaubaron! n'insultez pas et ne menacez pas le témoin!

VAUBARON, levant les yeux et les mains vers le ciel. Mon Dieu! Dieu tout-puissant, je n'ai plus d'espoir qu'en vous!.. (Il tombe sur un siége.)

M. DE PENARVAN, à Laridon. Votre registre d'achats?

LARIDON. Le voici, mon magistrat!... (Le commissaire prend le registre et la place sur l'établi sous les yeux du substitut. — A part). Oh! Rodille! Rodille.

M. DE PENARVAN, feuilletant le livre Le nom de Jean Vaubaron ne s'y trouve pas inscrit à la date d'hier 15 septembre 1830...

LARIDON. Ni à aucune autre.

Le commissaire ferme le registre et le joint aux preuves de conviction

M. DE PENARVAN. Vous serez appelé devant le juge d'instruction. (A un agent.) Accompagnez le témoin et qu'on fasse perquisition chez lui!

LARIDON, à part. Oui, cherche! Tout est fondu!..

M. DE PENARVAN. Vous dites?

LARIDON. Je dis... que j'en reste confondu!..

(Laridon salue humblement et sort sans oser regarder Vaubaron.)

SCÈNE IX

M. DE PENARVAN, VAUBARON, LE COMMISSAIRE, L'AGENT, puis MARTHE et BLANCHE.

M. DE PENARVAN, au commissaire. Maintenant, monsieur le commissaire, faites votre devoir.

MARTHE, sortant vivement de la chambre de droite, avec Blanche. Vaubaron!

VAUBARON, se levant. Marthe!

MARTHE, au substitut. Ah! vous ne l'emmènerez pas, monsieur!..

M. DE PENARVAN. Il le faut, madame!..

MARTHE, se soutenant à peine, et avec des sanglots. J'étais là... j'ai tout entendu et je croyais rêver!... c'est donc bien vrai... il est accusé... accusé d'un double crime!.. Eh bien, non, c'est impossible!.. Sur ma vie, monsieur, je jure sur ma vie qu'il est innocent!... qu'importent ces preuves prétendues?.. qu'importe qu'il y ait du sang sur ces billets?... Ce n'est pas mon mari qui est le coupable... toute sa vie répond pour lui... il n'a jamais rien fait de mal... il n'a jamais eu, en ce monde, que deux amours, moi et sa fille... il est le meilleur des hommes... il en est le plus honnête... ceux qui l'accusent sont des misérables et des fous... laissez-le moi, monsieur, laissez-le moi!

(Marthe tombe dans les bras de son mari qui la fait asseoir à droite.)

M. DE PENARVAN, à part. Pauvre femme!.. mais je ne puis rien!.. (Au commissaire) Faites votre devoir!

(Il sort suivi de son secrétaire.)

VAUBARON, prenant Marthe dans ses bras. Sois sans crainte, mon enfant chérie, je reviendrai, je vais revenir... Dieu est avec les innocents... il ne m'abandonnera pas... Attends-moi, Marthe!.. attends-moi avec patience, et, pour me donner du courage, embrasse-moi... embrasse-moi!

(Il l'assied doucement sur la chaise longue auprès de laquelle Blanche vient de s'agenouiller... Il couvre de baisers la petite fille, puis il se relève et se retourne vers le commissaire.)

Je suis à vos ordres, monsieur!..

LE COMMISSAIRE. Partons!

MARTHE, essayant de se soulever et d'une voix éteinte. Reste près de moi, reste; tu vois bien que je vais mourir... et je ne veux pas mourir seule...

(Elle retombe en arrière, ses yeux se ferment.)

VAUBARON, avec un accent de désespoir. Marthe! Marthe!

BLANCHE, pleurant. Maman! maman!...

VAUBARON. Blanche... ma fille... ma pauvre fille... que Dieu ait pitié de toi!.. on emmène ton père!.. et la mère se meurt!... Non! elle se ranime!.. (Après avoir embrassé de nouveau sa femme et Blanche, au commissaire.) Oh! partons, monsieur, partons... de nouveaux adieux seraient trop cruels.

(Le commissaire montre le chemin à Vaubaron qui embrasse une dernière fois en pleurant sa femme et sa fille, et semble ne pouvoir s'arracher d'auprès d'elles.)

(Avec des sanglots). Adieu! adieu! tout ce que j'aime!..

(Il sort. La porte se referme.)

SCÈNE X

MARTHE évanouie, BLANCHE.

BLANCHE, courant à la porte du fond. Papa! papa! (Revenant à Marthe.) Maman... maman... reviens à toi... ouvre les yeux... dis-moi que tu n'es pas morte... dis-moi que tu m'aimes encore...

(Elle lui baise les mains, Marthe tressaille, ouvre les yeux, se soulève et regarde autour d'elle d'un air effaré.)

MARTHE, Blanche, ma petite Blanche!... pourquoi pleures-tu?... (L'enfant, suffoquée par les larmes, ne peut répondre. Marthe fait un geste d'égarement.) Mon Dieu... qu'y a-t-il, que se passe-t-il donc? (Poussant un cri.) Ah! je me souviens... je me souviens!.. (Se levant.) Pourquoi me suis-je évanouie lâchement pendant qu'on l'entraînait?... Je l'aurais défendu, moi!... je ne l'aurais pas laissé partir! je leur aurais crié : vous, me tuez! celui qui est ma vie!... mais il en est temps encore!... j'irai trouver ses juges... je leur raconterai toute l'existence du juste qu'on ose soupçonner... ils me croiront... ils me rendront mon mari, (Embrassant sa fille.) M'entends-tu, Blanche, ils me rendront ton père!... (Allant prendre un petit châle dont elle couvre les épaules de Blanche.) Nous allons partir, mon enfant, je vais t'emmener, chère petite... il doit avoir tant de hâte, ton pauvre père, de nous embrasser toutes deux... Viens, ma Blanche... Viens... (Elle se dirige vers la porte en chancelant.) Ah!.. je ne peux pas... j'étouffe... (Tendant les bras vers sa fille) Ma fille! Blanche! Blanche! Ah! (Pouvant à peine parler.) Mon Dieu, je meurs... ah!...

(Elle cherche à se soutenir, elle bat l'air de ses deux mains et tombe à la renverse la tête appuyée sur une chaise.)

BLANCHE, au comble de l'épouvante, se mettant à genoux près d'elle. Maman! maman!... tu me fais peur (Allant ouvrir la fenêtre et criant.) Au secours! au secours! (Allant à la porte.) Au secours! au secours!...

SCÈNE XI

LES MÊMES, RODILLE.

Rodille, ouvre lentement la porte et s'avance après avoir regardé autour de lui. — A sa vue, Blanche recule avec épouvante, Rodille marche jusqu'auprès de Marthe, se penche sur elle et appuie sa main sur le cœur de la jeune femme.

RODILLE. La mère est morte!... à moi l'enfant!...

ACTE QUATRIÈME

Cinquième Tableau

Le théâtre est divisé en deux parties. A gauche, la salle des consultations du docteur Fritz Hörner, occupant un tiers de la scène. Cette salle est élevée d'un mètre au-dessus du plancher du théâtre. Porte au fond donnant sur l'intérieur de l'appartement. Porte à gauche. A droite, un petit jardin, une fenêtre, avec jalousie au dehors; — au deuxième plan, une porte s'ouvrant sur un escalier de quelques marches conduisant au jardin. Ce jardin occupe les deux tiers de la scène. Mur au fond avec petite porte s'ouvrant sur une rue sombre. Bosquets et massifs de verdure. La salle des consultations est meublée comme le décor du deuxième tableau de la première partie. — (Dix ans après.)

SCÈNE PREMIÈRE

BLANCHE, puis HORNER.

Blanche est assise dans le jardin, sous un massif de verdure, un livre sur ses genoux.

BLANCHE, à elle-même s'essuyant les yeux. Mes larmes coulent malgré moi.. je suis triste à mourir.. j'aurais succombé déjà, mon Dieu! si ce livre saint, cette Bible, n'était venue ranimer mon courage et soutenir mes forces en me parlant de vous... de votre grandeur... de votre bonté!

HORNER, entrant de gauche dans le pavillon. Il tient à la main une feuille de papier qu'il froisse et jette à terre avec colère. Au diable ces chiffres maudits! ils ne servent qu'à me montrer l'avenir sous des couleurs plus noires!... Après avoir gagné tant d'argent depuis dix ans, depuis que Blanche est avec nous, que me reste-t-il ? A peine quelques milliers de francs !... j'aurais dû lutter contre mes passions au lieu de me laisser dominer par elles !... La vieillesse approche, et je reste pauvre, moi qui rêvais toutes les jouissances de la terre et tous les enivrements du luxe! Ah! cette situation est insoutenable!

(Il s'assied et reste pensif.)

BLANCHE, à elle-même. Mon Dieu! ne prendrez-vous point pitié d'une pauvre enfant qui vous aime et qui ne croit pas vous avoir offensé !...

SCÈNE II

LES MÊMES, PAMÉLA.

PAMÉLA, traverse lentement le jardin et regarde Blanche. Toujours triste... toujours rêveuse !... Qu'y a-t-il donc dans cette jeune tête-là ?

(Elle passe sans lui parler et entre dans le pavillon.)

HORNER, relevant la tête et l'apercevant. Ah! c'est toi, Paméla !

PAMÉLA, allumant une cigarette. Moi-même, illustre maître... il me semble que les clients ne se pressent guère ce matin à la porte de ton cabinet. Le public fait relâche aujourd'hui, mon bon.

HORNER. Hélas! oui ! que veux-tu? l'état maladif de Blanche nous cause un préjudice énorme...

PAMÉLA. Est-ce ma faute? je la remplace de mon mieux lorsque tu juges à propos de la ménager...

HORNER. Oh! tu es pleine de bonne volonté; mais malgré tout ton esprit, malgré toute ton adresse, les résultats ne sont pas les mêmes. Le public est habitué à cette frêle et blonde voyante de seize ans... Elle lui plaît; il n'en veut pas d'autre... tu le vois, il s'éloigne !... As-tu vu Blanche aujourd'hui ? comment va-t-elle?

PAMÉLA. Comme hier... comme avant-hier... elle s'absorbe en elle-même... elle est sombre et préoccupée... une fièvre lente la dévore... tu l'as épuisée avec ton magnétisme, songe-donc!... Quand tu l'as prise, elle était si jeune!

HORNER, à lui-même, se levant. Oui, le sommeil magnétique fatigue le corps, brise l'âme, énerve la pensée... mais ne fallait-il pas contraindre Blanche à tout oublier?

PAMÉLA. A quoi songes-tu?

HORNER. A ce que tu viens de me dire. C'est vrai, le magnétisme pouvait tuer Blanche... mais l'énergie de la jeunesse a pris le dessus... pendant des années, nous l'avons vue forte et vaillante... d'où vient donc son mal aujourd'hui ?...

PAMÉLA. Tu devrais le savoir mieux que moi, savant docteur !.. à moins que la science ne soit un vain mot...

(Elle s'assied à droite.)

HORNER. J'en suis réduit aux conjectures.

PAMÉLA. Eh bien! moi, qui n'ai point pris mes grades dans les très-mirobolantes Universités d'Allemagne, je suis plus avancée que toi, car j'ai une idée...

HORNER, vivement. Laquelle ?

PAMÉLA. Je me figure qu'il y a de l'amour sous jeu.

HORNER. De l'amour! Allons donc, c'est impossible; Blanche ne voit personne...

PAMÉLA. Ah! tu crois cela, docteur! Alors explique-moi donc pourquoi le grand changement qui s'est fait en elle date d'un jour où je l'ai surprise échangeant quelques mots dans le jardin avec un des secrétaires de l'agence Rodille...

HORNER, vivement. Paul Vernier peut-être?

PAMÉLA. Lui-même.

HORNER. Sais-tu que tu m'effraies, Paméla! un tel amour amènerait infailliblement notre ruine... Mais tu dois te tromper... voici tout au plus deux mois que Paul Vernier est dans les bureaux de Rodille.

PAMÉLA. Eh bien n'est-ce pas justement depuis deux mois que Blanche devient si languissante et si triste !

HORNER. Tu as raison ! ah! que le diable emporte Rodille! malgré mes conseils et ma résistance, il a voulu, sous un prétexte d'économie, installer dans la maison son agence maudite ! Il est cause de tout le mal !.., Où est Blanche en ce moment?

PAMÉLA, se levant. Dans le jardin... regarde...

(Tous deux se dirigent vers la fenêtre.)

HORNER. Quel est ce livre qu'elle tient à la main?

PAMÉLA. Sans doute quelque roman pris par elle dans ta bibliothèque...

HORNER. Il semble l'intéresser médiocrement; elle ne lit pas, elle pense...

(Ils descendent l'escalier et s'arrêtent dans le jardin.)

BLANCHE, à elle-même. Mon Dieu! donnez-moi du moins l'espoir que l'avenir ne ressemblera pas au passé! Ah! mieux vaudrait mourir que de vivre toujours ainsi !

(Elle pleure et essuie ses yeux.)

HORNER, à Paméla. Des larmes !... décidément je commence à croire que tu ne te trompais pas.

PAMÉLA, voyant passer Paul Vernier au fond du jardin. Silence !... voici le mot de l'énigme... écoute, et profite.

(Ils se dissimulent derrière un bouquet d'arbres.)

SCÈNE III

LES MÊMES, PAUL VERNIER, HORNER et PAMÉLA cachés.

PAUL, apercevant Blanche et se dirigeant vivement vers elle. Mademoiselle Blanche...

BLANCHE, se levant à son approche et déposant son livre sur le banc. Monsieur Paul...

PAUL, à elle-même. Mon Dieu, mademoiselle, vous semblez triste... vous avez pleuré!

BLANCHE, souriant. J'ai pleuré... c'est vrai, et tout à l'heure encore je me sentais bien malheureuse; mais mon chagrin vient de disparaître, et c'est à peine si je me souviens de mes larmes.

PAUL. Oh! je vous en supplie, mademoiselle, ayez confiance en moi, apprenez-moi la cause de cette souffrance qui vous accable.

BLANCHE, surprise. Vous ne savez donc pas qui je suis?

PAUL. Je sais que vous vous nommez Blanche, je sais que vous êtes la somnambule, la voyante du docteur Fritz Horner.

BLANCHE. Et vous me demandez pourquoi je suis malheureuse ?

PAUL. Mais... sans doute...

BLANCHE. Eh bien, monsieur Paul, la vie qu'il me faut mener dans cette maison m'est odieuse... Il n'est pas en ce monde de position vile qui ne soit mille fois préférable à la mienne! J'envie le sort des plus misérables ; j'envie les mendiants eux-mêmes! Au moins leur âme et leur pensée sont à eux,.. bien à eux !... ma pensée et mon âme ne m'appartiennent pas, à moi !... l'une et l'autre obéissent en esclaves au docteur Horner, mon magnétiseur et mon maître.

PAUL. Mais, mademoiselle, puisqu'il en est ainsi, comment votre famille vous laisse-t-elle à une existence que vous détestez?

BLANCHE. Ma famille !... hélas ! monsieur, ceux qui ont une famille sont bien heureux ! Je ne suis pas de ceux-là ! Une maladie terrible a failli m'emporter, dit-on, dans ma première enfance, à la suite de je ne sais quel événement sinistre qui s'est perdu dans les brumes de mon passé... A partir de cette époque tout est obscur, tout est indistinct pour moi... Un nuage épais semble s'étendre entre ma mémoire et les premières années de ma vie! Je ne me souviens pas! Je crois n'avoir jamais connu ni mon père, ni ma mère... je ne sais même pas mon nom... Vous êtes le premier, vous êtes le seul qui m'ait témoigné quelque intérêt. Depuis que j'ai atteint l'âge de la raison et de la mémoire, personne ne m'a aimée, personne ne m'aime, personne ne m'aimera jamais!

PAUL. Personne ne vous aime, dites-vous? Vous vous trompez, mademoiselle, car je suis là !... depuis le jour où j'ai eu le bonheur de vous rencontrer, je vous appartiens... Voulez-vous accepter mon dévouement sans bornes, et me rendre en échange un peu d'affection... Voulez-vous que je sois votre ami? voulez-vous que je sois votre frère ?..

BLANCHE. Si je le veux? Oh! oui, de toute mon âme! Voici maman... c'est une sœur qui la tend à son frère !... J'accepte votre affection... votre dévouement, et je suis heureuse de ne plus me sentir seule au monde.

PAUL. Comment avez-vous eu le courage, chère sœur, de vivre dans cet affreux isolement ?

BLANCHE. Ah! le courage m'a bien souvent manqué; mais

Dieu a pris pitié de moi ! (prenant sur le banc le livre qu'elle y a déposé.) Il m'a envoyé ce livre.
PAUL, curieusement. Ce livre ?
BLANCHE. La Bible. — Vous respectez là la Bible, n'est-ce pas, mon ami ?
PAUL. Eh ! qui donc ne respecterait pas un livre sacré contenant l'expression directe de la pensée et de la volonté de Dieu ? Mais de quelle façon ce livre saint se trouve-t-il entre vos mains ? Fritz Horner, si je ne me trompe, fait profession de ne croire à rien... ce ne peut donc être lui qui vous l'a donné...
BLANCHE. C'est une histoire bien simple... Un jour, il y a de cela quelques mois, le docteur fut obligé de s'éloigner de Paris pour quarante-huit heures... Pendant son absence les consultations furent forcément suspendues... les domestiques se dispersèrent... je restai seule au logis, mais je n'y restai pas longtemps... l'envie de faire l'école buissonnière s'empara de moi... je sortis à mon tour... Le hasard dirigea mes pas vers le portail de Notre-Dame... J'entrai dans la vieille cathédrale... une sensation indéfinissable, à la fois bizarre et délicieuse, s'empara de tout mon être... Je me sentis prise d'une sorte d'ivresse... une violente émotion gonfla mon cœur... de douces larmes jaillirent de mes yeux... mes genoux ployèrent... et j'essayai de prier... mais, hélas ! je ne savais pas !... j'avais oublié les paroles qu'il faut dire à Dieu... Soudain, il me sembla qu'un souvenir, un souvenir presque effacé se ravivait et devenait distinct... une clarté vive brilla parmi les ténèbres du passé... je me rappelai ces mots naïfs que la voix angélique d'une femme, ma mère, sans doute, me faisait prononcer dans ma première enfance, et je balbutiai comme autrefois : Mon Dieu, je vous donne mon cœur !
PAUL. Simple prière... touchant hommage qui durent être accueillis là-haut par les anges !...
BLANCHE. Je l'espérai de toute mon âme, et j'en eus bientôt la preuve que je ne me trompais pas. En quittant l'église, je gagnai les quais, regardant avec une curiosité d'enfant les étalages des marchands de vieux livres. J'éprouvai tout à coup une brusque commotion intérieure, et mon regard ne put se détacher d'un volume jeté pêle-mêle dans la casse des livres dépareillés... Ce volume, je me croyais certaine de ne pas le voir pour la première fois... je l'ouvris... Je ne m'abusais point. C'était ma bible !... un des chers souvenirs de mon enfance se présentait à moi !... jadis, mes petites mains avaient feuilleté ce livre dont les images me ravissaient alors... — Je l'achetai, et je repris joyeuse le chemin de la maison, en emportant avec moi mon trésor !
(Horner et Paméla reparaissent au fond.)
PAUL, désignant le livre que tient Blanche. Et c'était ce volume ?
BLANCHE. Oui. Depuis ce moment je le lis chaque jour... je puise en lui l'oubli, la résignation et l'espoir !... Sans ce livre béni, je serais morte déjà, ou j'aurais cherché mon salut dans la fuite, bien loin de cette maison détestée...
HORNER. Ah ! c'en est trop !
(La petite porte de jardin s'ouvre. — Rodille et Laridon paraissent. Ils écoutent. Blanche et Paul reculent.)
PAMÉLA, à Horner. Que vas-tu faire ?
(Elle veut le retenir.)
HORNER. Laisse-moi ! laisse-moi ! (A Blanche.) Ce livre !... donnez-moi ce livre !
BLANCHE, tremblante. Monsieur... monsieur... vous me faites peur !
HORNER. Il faut que vous soyez folle pour me braver ainsi !... La Bible, dans la maison du renégat, de l'athée, du matérialiste ! Ah ! c'est pousser trop loin l'impudence ! Donnez-moi ce livre maudit !...
BLANCHE, tombant à genoux. Monsieur, n'insultez pas la Bible.
HORNER. De gré ou de force, j'aurai ce livre !
PAUL, se jetant entre Horner et Blanche. Monsieur Horner !
PAMÉLA. Docteur... docteur !
HORNER. Il faut qu'elle cède !
(Il saisit le bras de Blanche.)
BLANCHE, suppliante. Par grâce !... par pitié !
HORNER, s'emparant du livre et repoussant Blanche. Enfin !
BLANCHE, cachant son visage dans ses mains. Ah !
HORNER. Livre maudit !
(Il lève le bras pour le lancer à terre.)
PAUL, s'élançant vers Horner. Ah ! monsieur !

SCÈNE IV
LES MÊMES, RODILLE, LARIDON.

RODILLE, saisissant le bras d'Horner et lui prenant le volume. Eh bien, qu'y a-t-il donc ?
PAUL, à part. M. Rodille.

RODILLE. On se querelle ici... on se fâche !
LARIDON. Des discussions !
RODILLE. Blanche est tout en larmes !... que signifie cela ? quel est ce livre ?
HORNER, avec rage. C'est la Bible ! entendez-vous ? comprenez-vous ? c'est la Bible !
RODILLE. J'entends et je comprends parfaitement. Mais, dites-moi, docteur, est-ce à ce sujet que vous faites pleurer notre Blanche ?
HORNER. Eh ! puis-je rester maître de moi quand je vois cette enfant introduire un pareil livre dans ma maison ?
RODILLE. Eh ! que diable, docteur, laissez à Blanche la liberté de ses croyances... c'est de la justice cela, et de la meilleure.
LARIDON, à part. Est-il insinuant, ce paroissien-là, avec sa Bible !...
BLANCHE. M. Rodille... soyez bon, je vous en supplie... rendez-moi ma Bible !
RODILLE. Comptez sur moi, mon enfant... vous me trouverez toujours prêt à vous être agréable... Je ferai entendre raison au docteur, je vous le promets, je vous rendrai votre précieux volume, et nous tâcherons qu'à l'avenir vous n'ayez plus à vous plaindre de personne, et que vous vous trouviez heureuse avec nous. (A Horner à demi-voix.) Eloignez-la, il faut que je vous parle.
HORNER, à Paméla. Paméla ?...
PAMÉLA. Docteur.
HORNER. Emmenez Blanche... elle est complètement remise... A partir de ce matin, elle reprendra le cours des séances magnétiques.
PAMÉLA. Oui, docteur. (A Blanche.) Venez ?
RODILLE, à Paul. Et vous, Paul, ne quittez désormais les bureaux que sur mon ordre.
(Paul s'incline, Paméla sort avec Blanche, Paul s'éloigne à droite.)

SCÈNE V
RODILLE, HORNER, LARIDON.

RODILLE. Maintenant, causons, docteur ?
HORNER, brusquement. Que me voulez-vous ?
RODILLE. Je veux d'abord vous faire des reproches.
HORNER. A moi ! vraiment ! à quel propos ?
RODILLE. Elle nous portera malheur, si elle reste dans cette maison.
HORNER, riant. Allons, rassurez-vous, vous serez délivré du volume qui vous préoccupe si fort... je le garde et je le placerai dans ma bibliothèque.
(Il met la Bible dans sa poche.)
LARIDON, à part. Il faut qu'il fasse main basse sur tout !... Il vaut au moins six francs, ce volume !
RODILLE. Là, êtes-vous tranquille, maintenant ?
HORNER. Non !
RODILLE. Pourquoi ?
HORNER. Ignorez-vous que le jour où Blanche aura donné à un amant son âme tout entière, sa lucidité s'évanouira ! Adieu alors à mon pouvoir magnétique !... nos ressources se trouveront anéanties pour ne plus renaître...
RODILLE et LARIDON. Eh bien ?
HORNER. Eh bien ! cette crise redoutable est près d'éclater, j'en ai peur. Votre secrétaire, Paul Vernier, ne néglige aucune occasion de se rapprocher de Blanche, et je crains que la jeune fille ne voie point ce drôle avec indifférence.
RODILLE. Ceci est une autre affaire, et, s'il faut éloigner Paul, quoiqu'il me soit utile, nous l'éloignerons.
HORNER. Ce n'est pas tout... la mémoire de Blanche semble s'éveiller d'un long sommeil... certains souvenirs du plus lointain passé lui reviennent... Songez donc !... Si elle allait se rappeler le nom de son père !...
LARIDON, tremblant. Hein ?
RODILLE, l'interrompant. Impossible !... d'ailleurs le père n'est point à craindre... Condamné à perpétuité, mort peut-être, inutile de penser à lui.
LARIDON, vivement. Et surtout inutile de parler de lui ; son nom me fait frissonner de la tête aux pieds ! que voulez-vous... c'est un effet nerveux.
RODILLE. La question est vidée ; occupons-nous d'autre chose... L'affaire importante, en ce moment, ce n'est ni Blanche Vaubaron, ni le magnétisme.
HORNER. Qu'est-ce donc ?
RODILLE. C'est l'héritage du baron de Verville.
HORNER. Tu as trouvé un héritier ?
RODILLE. Je crois être sur la trace.

SCÈNE VI

Les Mêmes, GERMAIN.

Pendant les dernières répliques de la scène précédente, on a vu Germain introduire un étranger dans la salle des consultations magnétiques. C'est Vaubaron. Il est pâle. Ses cheveux ont blanchi. Il porte une longue barbe. — Le domestique descend ensuite les marches du perron et s'approche des trois hommes.

GERMAIN. Monsieur le Docteur?
HORNER. Eh bien?
GERMAIN. Je viens d'introduire un client qui demande une consultation.
HORNER. Priez-le d'attendre. Je vais prévenir mademoiselle Blanche!

(Il sort par le fond à gauche). —Germain rentre dans la salle des consultations. — Rodille et Laridon restent dans le jardin. — La ridau remonte vers la fenêtre,

SCÈNE VII

VAUBARON dans le pavillon, GERMAIN, RODILLE, LARIDON, dans le jardin.

GERMAIN, à Vaubaron. Veuillez vous asseoir, monsieur.
VAUBARON. Le docteur Horner n'est-il point ici?
GERMAIN. Dans un instant il sera près de vous.
VAUBARON, s'asseyant. Bien, bien!... j'attendrai!...
(Germain sort.)
LARIDON, relevant vivement la tête à la voix de Vaubaron. Cette voix!
(Il s'approche de la croisée et regarde à travers les lames de la jalousie.)
RODILLE, s'approchant de Laridon qui semble très-ému. Qu'y a-t-il donc?
LARIDON, tremblant et désignant la fenêtre. Là... là... regardez!
LARIDON. C'est lui... je n'ai pas la berlue! c'est bien lui !
RODILLE. Qui?
LARIDON, d'une voix sourde. Jean Vaubaron !
RODILLE. Vaubaron vivant! libre! dans cette maison!... près de sa fille! Ah! tonnerre! voilà qui va mal!
LARIDON, presque défaillant. Nous sommes perdus!
RODILLE. Pas encore !... reste!
(Il sort vivement par le fond à gauche. Laridon écoute.
GERMAIN, entrant dans le pavillon et annonçant. Le docteur Horner!
(Il sort et referme la porte.)

SCÈNE VIII

LARIDON dans le jardin, JEAN VAUBARON et HORNER dans le pavillon.

HORNER, entrant en habit noir. Est-ce pour vous-même, monsieur, que vous voulez interroger la somnambule?
VAUBARON. Oui, monsieur, car je veux savoir si mon enfant est morte ou vivante.
LARIDON, dans le jardin. Cré coquin! oh! là là !
HORNER. Votre enfant?
VAUBARON. Ma fille bien-aimée dont je suis séparé depuis dix ans, et dont j'ignore même l'existence... Vous ne vous souvenez pas de moi, monsieur ?
HORNER. Vous ai-je déjà vu?
VAUBARON. Oui, monsieur... il y a bien longtemps, et du jour de notre entrevue datent tous mes malheurs ! Mes cheveux ont blanchi, vous me prendriez pour un vieillard, et cependant j'ai quarante-huit ans là peine... Accusé d'un crime monstrueux, condamné à une peine infamante et perpétuelle, je me suis trouvé libre il y a un an. Le roi avait daigné me faire grâce.
LARIDON. Pas de chance!
VAUBARON. Depuis un an, je cherche ma fille! depuis un an, je poursuis le misérable qui m'a fait condamner! Je n'ai rien trouvé! rien ! pas une trace... pas un indice! — Alors, je me suis souvenu de vous, monsieur; je me suis dit qu'en vous était mon seul espoir... et je suis venu...
HORNER, avec le plus grand trouble. Qui donc êtes-vous ?
VAUBARON. Regardez-moi bien, monsieur, et peut-être vous rappellerez-vous mes traits... j'ai franchi le seuil de cette maison, avec mon enfant, au mois de septembre 1830; je venais vous consulter pour ma pauvre femme...
HORNER. Vous vous nommez ?...
VAUBARON. Jean Vaubaron.
HORNER. Jean Vaubaron !
VAUBARON. C'est un nom tristement célèbre, n'est-ce pas? c'est le nom d'un monstre exécrable, dit la clameur publique! Hélas! monsieur, c'est le nom d'un homme bien à plaindre... voilà tout.
HORNER, à lui-même. Oh ! ce que je craignais...
VAUBARON. Vous me reconnaissez maintenant, n'est-ce pas? et vous aurez pitié de moi !.. Depuis que je suis libre, je parcours les provinces, montrant, pour vivre, quelques figures de cire que j'ai fabriquées moi-même... explorant chaque ville, chaque bourgade, et cherchant mon enfant. Je cache mon nom sinistre... partout on me désigne ainsi : *L'homme aux figures de cire!* — Quoique gracié, je suis sous le coup d'une surveillance rigide... le séjour de Paris m'est interdit...
LARIDON. Heureusement !
VAUBARON. Je pourrais être arrêté, emprisonné de nouveau. J'ai tout bravé pour venir à vous, pour vous dire : Faites un miracle, et rendez-moi mon enfant!..
HORNER, à lui-même avec épouvante. Et c'est sa fille qui va venir ! Ah !... s'il en est temps encore... courons !...
(Il se dirige vers la porte du fond; au moment où il va l'atteindre, la porte de gauche s'ouvre et le domestique paraît.)
LE DOMESTIQUE, annonçant. La Voyante...
HORNER, accablé. Tout est perdu !...

SCÈNE IX

Les Mêmes, PAMÉLA dans le pavillon, LARIDON, puis RODILLE dans le jardin, puis BLANCHE.

PAMÉLA, entrant lentement. Me voici...
LARIDON. Tout est sauvé !
HORNER. Ah !
LARIDON, allant à Rodille qui entre dans le jardin. Eh bien ? eh bien ?
RODILLE. Silence !
PAMÉLA. Je suis à vos ordres, docteur. (s'asseyant sur le grand fauteuil au milieu du pavillon, bas à Horner.) Sois sans inquiétude, je suis prévenue.
(Horner lui prend les mains et commence à la magnétiser du regard, puis il fait quelques passes. Paméla semble s'endormir.)
HORNER. Dormez ! (Après un temps.) Êtes-vous lucide !
PAMÉLA. Oui...
(Horner fait un signe à Vaubaron qui s'approche. — Le docteur lui prend la main droite et la place dans la main gauche de Paméla. Moment de silence.)
HORNER, à Paméla. Que voyez-vous?
PAMÉLA. Une enfant qui occupe la pensée de l'homme dont la main vient de toucher la mienne... Une enfant... sa fille !
(Elle quitte la main de Vaubaron.)
VAUBARON, avec joie. Ma fille !...
LARIDON, à Rodille. Je comprends !
HORNER, à Paméla. Où est cette enfant?
PAMÉLA. Laissez-moi chercher... Il faut que j'aille bien loin d'ici...
LARIDON, à part. Si elle pouvait l'envoyer à tous les diables !
HORNER. Je vous ordonne de voir. Où est cette jeune fille ?
PAMÉLA. Bien loin de Paris.
HORNER. Où?
LARIDON, à part. En Chine.
PAMÉLA. Sous un ciel sombre, à l'entrée d'un village assis comme un nid d'aigle sur de hautes falaises...
(Blanche paraît, rêveuse, effeuillant des fleurs au premier plan à droite, dans le jardin.)
RODILLE, l'apercevant. Elle ne passera pas !
(Il croise les bras et l'attend en lui barrant les marches de l'escalier conduisant au pavillon. Blanche traverse lentement la scène; arrivée près de Rodille, elle lève les yeux, lui fait un sourire, s'incline et passe devant lui pour se perdre derrière des massifs de verdure.)
HORNER, interrogeant toujours Paméla. Que fait-elle ?
PAMÉLA. Un groupe d'hommes et de femmes entourent une blonde enfant qui chante en demandant l'aumône. Cette enfant, c'est la jeune fille que vous m'avez ordonné de suivre et de voir...
VAUBARON. Ah! vivante !... vivante !
HORNER. Est-ce en France que vous la voyez?
PAMÉLA. Oui.
HORNER. Quelles sont ces falaises?
PAMÉLA. Celles de Bretagne.
VAUBARON, avec un geste de stupeur. Et c'est du fond de la Bretagne qu'y arrive.
LARIDON. Il aurait bien dû y rester!..
HORNER. Le nom du village ?
PAMÉLA. Carnac.
VAUBARON, à lui-même. Carnac où je m'arrêtai il y a quinze jours à peine !... Ainsi, j'étais près de mon enfant!... je l'ai rencontrée peut-être sur mon chemin, et rien ne m'a crié : La voilà!
HORNER, à Vaubaron. Vous savez tout ce que vous vouliez savoir.
VAUBARON. Oui, monsieur, et c'est à genoux que je devrais

vous remercier... Vous venez de me prouver que dans l'horizon le plus noir il y a place pour un rayon d'espérance et de joie!... Soyez béni, monsieur!... Soyez béni.
(Il sort. — Horner le suit des yeux.)
PAMÉLA, se levant. Cherche ta fille, mon bonhomme, tu la chercheras longtemps!
(Elle descend vivement dans le jardin.)

SCÈNE X
RODILLE, HORNER, LARIDON, PAMÉLA.

LARIDON. Bravo! Paméla! Bien joué, ma fille... tu mérites tous nos éloges!...
RODILLE. Je te vote à l'unanimité une prime d'encouragement.
PAMÉLA, tendant la joue. Et tu paies comptant?
RODILLE, l'embrassant. Comptant.
PAMÉLA. Merci.
LARIDON. Et moi!...
PAMÉLA, le repoussant. Merci! je sors d'en prendre.
HORNER, descendant du pavillon. Vous avez entendu?
RODILLE. Tout!
HORNER. Nous sommes perdus, puisque cet homme est à Paris.
(A ce moment Germain entre dans le pavillon et vient poser une lampe allumée sur la table.)
RODILLE. Dans une heure il n'y sera plus.
HORNER. Que comptez-vous faire?
RODILLE. Tout simplement donner avis à la police que Jean Vaubaron, ou plutôt l'homme aux figures de cire, forçat gracié, mais en rupture de ban, parcourt la Bretagne. Avant huit jours, nous serons délivrés de lui pour longtemps.
HORNER. Ensuite?
RODILLE. Dès ce soir, un écriteau placé sur la porte de la maison, annoncera que le docteur Fritz Horner voyage à l'étranger, et que par conséquent les consultations magnétiques sont interrompues pour un temps illimité.
PAMÉLA, ébauchant un pas fantaisiste. Je vais donc pouvoir enfin cultiver le cavalier seul!
HORNER. Mais, c'est notre ruine complète!
LARIDON. Notre tranquillité perdue.
RODILLE. Nous serons tranquilles demain, si l'on veut m'obéir aveuglément... Il faut quitter Paris.
LARIDON et PAMÉLA. Quitter Paris!
LARIDON. Mon bric-à-brac?...
RODILLE. Non pas demain, non pas ce soir, mais dans une heure, à l'instant, et pour quelques semaines. Horner vous remettra des fonds; quant aux passe-ports, nous sommes trop habiles... pour ne pas en avoir de tout préparés en cas d'alarme...
LARIDON. J'en ai une collection.
RODILLE. Il ne nous faudra donc que le temps de boucler nos valises... Paméla partira pour la Suisse, toi, Laridon, pour l'Allemagne, et le docteur et Blanche pour l'Angleterre.
PAMÉLA, réfléchissant. Pour la Suisse.
LARIDON. Pour l'Allemagne.
HORNER, bas à Rodille. Mais l'héritage?
RODILLE. Silence!
LARIDON. Eh bien, et vous?
RODILLE. Moi, pour le nord de la France... et, dans un mois, nous nous rejoindrons tous à Londres, à l'hôtel du roi Georges, dans Regent-Street.
LARIDON. Mais, enfin, pourquoi ce brusque départ? j'aime peu voyager, moi!
RODILLE. Aimes-tu mieux la cour d'assises?
LARIDON. La cour d'assises...
LARIDON. Ne parlons pas de ça, hein?
RODILLE. Un départ immédiat est, selon moi, — l'unique moyen de l'éviter...
LARIDON. Mais enfin ne pourrais-je savoir?...
RODILLE. Tu veux savoir beaucoup de choses, mon compère... reste à Paris si le cœur t'en dit, mais je ne réponds de rien ! tant pis pour toi si malheur t'arrive...
HORNER. Rodille a raison... moi, je partirai.
PAMÉLA. Moi aussi! moi aussi!... Rodille m'a donné la chair de poule... je voudrais être en route.
LARIDON. Puisqu'il le faut, je partirai comme les autres...
(A lui-même.) On trompe quelqu'un ici... ce doit être moi... je veillerai!
RODILLE. Allez! allez! dans deux heures il faut que cette maison soit vide!
PAMÉLA. Dans un mois, à Londres...
TOUS, étendant la main comme pour un serment. Dans un mois, à Londres.
RODILLE. Allez! allez!
(Paméla entre dans le pavillon et sort à gauche, Laridon sort par le fond. — Horner s'éloigne à droite. Mais à peine l'un et l'autre de Laridon ont-ils disparu qu'il rentre vivement en scène et court à Rodille resté seul dans le jardin.)

SCÈNE XI
RODILLE, HORNER.

HORNER, à Rodille. Je t'ai deviné compère, à nous deux l'héritage du baron de Verville.
RODILLE. A nous deux.
HORNER. Tes ordres, maintenant?
RODILLE. Presser le départ de Paméla, veiller à celui de Laridon, qui n'est pas sans défiance... j'ai vu cela à l'expression de ses yeux... et, comme il pourrait lui prendre fantaisie de revenir ici, il faut qu'il n'y trouve personne.
HORNER. Que dois-je faire?
RODILLE. Commander les chevaux de poste, d'abord... il faut qu'à minuit la voiture s'arrête devant la petite porte du jardin. Nous y monterons avec Blanche, et fouette, postillon! route d'Angleterre : Va! va! Je vais écrire aux autorités en attendant la chaise de poste!
(Ils entrent dans le pavillon.)
HORNER. Dans deux heures tout sera prêt. (En riant à Rodille.) Décidément, ce Laridon était de trop!
RODILLE. Parbleu!
(Horner sort. Rodille reste seul.)

SCÈNE XII
RODILLE, seul dans le pavillon. Allons, une fois la police sur les traces de Vaubaron, nous n'aurons plus rien à craindre, et, si l'héritage Verville arrive... nous ne serons que deux à le partager. (Un temps.) Deux, pourquoi deux?... Si je pouvais à moi tout seul!... Comment faire? Ah! bah!... nous verrons plus tard! (Il s'assied près de la table où se trouve la lampe, prend une plume, une feuille de papier et se met à écrire.) Monsieur le Préfet de Police...
(Il écrit.)

SCÈNE XIII
RODILLE dans le pavillon. PAUL, paraissant dans le jardin à droite.

PAUL. Je croyais trouver Blanche au jardin... Il faut cependant que je la voie! elle souffre dans cette maison!... Oh! je l'en arracherai!...
(Il disparaît en cherchant.)
RODILLE, a fini d'écrire. Il plie la lettre, la met sous enveloppe, cachette et la serre dans la poche de sa redingote. — Sortant la Bible qu'il y a placée. Ah! ah! la Bible de Blanche. Le livre qui rend ce pauvre docteur presque épileptique. La reliure a dû être belle autrefois... Des armoiries, oh! bien dédorées. (Ouvrant le volume.) Des gravures... assez belles, ma foi... Ce livre serait curieux pour un amateur. (Allant à la première page.) Amsterdam 1580!... Diable!... cela commence à compter. (Regardant les premiers feuillets.) Des griffonnages.... séculaires sans doute car l'encre est toute jaunie. (Lisant.) 1678, le marquis Gontran de Vaubaron!... (Avec explosion.) Vaubaron!... Mes yeux ne me trompent pas!... Cette Bible de famille entre les mains de Blanche!... Comment?... par quel miracle!... et ces noms... tous ces noms!... C'est presque un arbre généalogique!...
(Il lit à voix basse.)
PAUL, reparaissant dans le jardin. Ne viendra-t-elle pas?... qui peut la retenir ainsi!... Serait-elle souffrante...
(Il remonte au fond et écoute à gauche.)
RODILLE, avec surprise. Marthe Besnard! Jean Vaubaron! Le dernier des Vaubaron épousait Marthe Besnard, la fille de Simon Besnard, et de ce mariage naissait une fille, Blanche Vaubaron!.. Ainsi, cette nièce du baron de Verville, cette proche héritière, que je cherchais partout!... que j'étais au moment de trouver! C'était elle! c'était elle !
(Il reste un instant rêveur.)

SCÈNE XIV
LES MÊMES, BLANCHE.
(Elle paraît au fond.)

PAUL. Blanche! c'est Blanche! enfin !..
RODILLE, relevant la tête. On vient de prononcer le nom de Blanche.
(Il écoute près de la fenêtre.)
BLANCHE, accourant à Paul. Ah! c'est vous, Paul! c'est vous, mon frère !
RODILLE, debout près de la fenêtre. Ils sont ensemble...
PAUL. Oui, chère Blanche, je vous attendais... et, Dieu sait avec quelle impatience!... j'ai tant de choses à vous dire...
BLANCHE, vivement. Des choses heureuses?
PAUL. Oui... oui... bien heureuses pour vous... je le crois... et si vous avez confiance en moi...
BLANCHE. Je brûle de les connaître.

PAUL. Blanche, je vous ai dit ce matin, vous en souvenez-vous? que j'éprouvais pour vous l'affection profonde et tendre qu'une sœur inspire à son frère...

BLANCHE. Comment aurais-je oublié ce qui fait ma seule joie en ce monde?

PAUL. Eh bien! lorsque je vous parlais ainsi, Blanche, je vous mentais... ou plutôt je me mentais à moi-même... Je ne vous aime pas d'une affection de frère... non! cent fois non!... Je vous aime comme on aime celle dont on veut faire la compagne de son existence!... celle à qui l'on offre de partager les joies et les douleurs, les sourires et les larmes! — celle enfin que l'on aime d'amour!... — Blanche, chère Blanche, voulez-vous être ma femme?

RODILLE, à part. Comme il arrange tout cela!

BLANCHE. Le cœur vous appartenait déjà, et je sens que je vous aime autant qu'on puisse aimer...

RODILLE, à part. Voyez-vous cette ingénue!..

PAUL. Et votre main?

BLANCHE. N'est-elle pas dans la vôtre?... ai-je l'air de vouloir la reprendre?

PAUL. Blanche, chère Blanche, que je vous aime!...

BLANCHE. Je vous crois, Paul, et rien, qu'à vous entendre, voilà déjà que je me trouve heureuse et que j'oublie mes pressentiments funestes.

PAUL. Des pressentiments funestes?

BLANCHE. Oui... il se passe aujourd'hui dans cette maison des cho- ses inexplicables... Paméla vient de quitter Paris pour un long voyage, et quelques mots que j'ai surpris me font croire que nous allons partir aussi.

PAUL. Partir! nous séparer! non, non, c'est impossible... vous ne partirez pas!

BLANCHE. Si le docteur l'exige, cependant!...

PAUL. Je vous dis que vous ne partirez pas!... Blanche, avez-vous confiance en moi?

BLANCHE. Comme en Dieu!

PAUL. Voulez-vous abandonner, sous ma garde, cette demeure où vous avez tant souffert? Voulez-vous me suivre?

BLANCHE. Sans hésiter...

PAUL. Alors, il faut partir ce soir même!...

BLANCHE. Ce soir!

PAUL. Je cours chercher une voiture, je la ferai stationner à cent pas d'ici, et je vous conduirai dans un asile sûr, où personne au monde ne pourra soupçonner votre présence... c'est là que vous attendrez l'époque prochaine de notre mariage.

BLANCHE, souriant. La femme doit obéissance à son mari... tout ce que vous voulez, je le veux.

RODILLE, à part. Heureusement, j'écoutais.

BLANCHE. Allez, mon ami, et surtout revenez vite...

PAUL. Je reviens à l'instant... Je vous aime, ma Blanche... je vous aime de toute mon âme!

(Il sort vivement par la droite.)

SCÈNE XV

BLANCHE, seule. Ah! que je suis heureuse!... L'avenir, si sombre tout à l'heure encore, me semble maintenant plein de sourires et de promesses?... Le bon Dieu m'a prise en pitié?... L'orpheline n'est plus seule au monde...

(Elle reste les yeux fixés sur l'endroit par lequel s'est éloigné Paul.)

SCÈNE XVI

RODILLE, à lui-même. Oui! de par tous les diables, ce drôle de Paul Vernier vient de faire germer dans mon esprit une idée merveilleuse!.... Il faut que Blanche devienne ma femme!..

ACTE CINQUIÈME
Sixième Tableau

UNE CHAMBRE CHEZ RODILLE, AVENUE DE NEUILLY.

Portes latérales, fenêtre à gauche, au fond grands panneaux de boiserie dissimulés dans la muraille et s'ouvrant à l'aide d'un ressort, pour donner accès dans une pièce contiguë. Cheminée, table, siéges. L'ameublement est sombre et de chêne sculpté. Une lampe brûle sur la table. Un grand feu brûle dans la cheminée. Les panneaux du fond sont ouverts et laissent voir l'intérieur d'une autre chambre coquettement meublée et éclairée par une lampe couverte d'un globe de verre dépoli. — Lit au fond. — Près du lit une table avec un couvert, une carafe d'eau et une carafe de vin.

SCÈNE PREMIÈRE
RODILLE, SARRIOL.

Sarriol est dans la seconde pièce, rangeant sur la table. Rodille entre vivement de droite.

RODILLE, entrant. Sarriol, tout est préparé dans cette chambre?

SARRIOL, descendant en scène. Oui, monsieur, — j'y ai allumé comme ici un peu de feu pour chasser l'humidité.

RODILLE, tirant des papiers de sa poche et les plaçant sur la table avec la Bible de Blanche. Bien... La jeune fille a-t-elle appelé pendant mon absence?

SARRIOL. Non, monsieur.

RODILLE, à lui-même. L'attente a dû lui paraître longue... (à Sarriol désignant la porte de gauche.) Elle est toujours là?

SARRIOL. Toujours.

RODILLE. Laisse-moi..et souviens-toi que tu n'as rien vu... rien entendu ici cette nuit... n'oublie pas surtout que j'ai ta liberté, ta vie entre mes mains, comme celle de tous ceux qui me servent.

SARRIOL. Monsieur Rodille!

RODILLE. Va! et veille au rez-de-chaussée.

(Sarriol sort.)

SCÈNE II

RODILLE, seul. La situation n'a que deux issues. Je viens d'éloigner Vauberon, mais il ne se découragera pas. Il cherche sa fille, il reviendra..bientôt.. demain peut-être! Il ne faut qu'un indice, le plus faible de tous, pour le mettre sur la trace de la vérité, et alors, non-seulement l'héritage est perdu pour moi!.. mais ma vie même sont compromises!... Si Blanche, au contraire, devient ma femme, elle sera, contre tous les soupçons, le bouclier qui rend invulnérable!... Mari de l'héritière, j'hériterai dans une paix profonde, et Jean Vauberon, désarmé, ne pourra que m'ouvrir ses bras et me nommer son fils!... Mais ce mariage, il faut que Blanche l'accepte, il le faut à tout prix!.. — Si elle refuse... (Un temps.) Eh bien, si elle refuse, s'inquiétera d'une enfant dont on ne connaît ni le nom, ni la famille! (Il va s'asseoir à droite. — Prenant la Bible.) Ah! Bienheureuse Bible, feras-tu ma fortune? Je l'espère! (Il la replace sur la table. — Regardant la porte de la chambre où est enfermée Blanche à gauche.) C'est elle qui me répondra, allons! (Il se dirige vers la porte. — Se ravisant.) Ah! (Il remonte au fond, entre dans la chambre et s'avance vers la table.) Tout est prêt... Le couvert est dressé... En admettant qu'elle ne veuille rien prendre... que le chagrin lui fasse oublier même la faim, la scène qui va se passer tout à l'heure, fera naître une fièvre violente. La fièvre amènera la soif, (Prenant la carafe et l'examinant.) A tout prévu. (Replaçant la carafe sur la table.) Elle boira, et les hasards de l'avenir ne seront plus à craindre pour moi... (Il sort de la chambre et referme les panneaux.) Maintenant, c'est elle-même qui va décider de son sort! (Il va à la porte de gauche et l'ouvre.) Blanche! Blanche! Venez, mon enfant!

SCÈNE III
RODILLE, BLANCHE.

BLANCHE, entrant vivement. Oh! monsieur! enfin, c'est vous! cette attente m'a fait cruellement souffrir... Je puis le voir, n'est-ce pas? où est-il? Où est Paul?

RODILLE, froidement, lui avançant un siége. Chère enfant, causons à cœur ouvert.

BLANCHE. Mais, Monsieur, ce n'est point pour causer que je suis venue, vous le savez bien! c'est pour voir Paul, c'est pour lui prodiguer mes soins.

RODILLE. Un peu de patience! s'il vous plaît!... Vous allez comprendre que rien ne nous presse...

BLANCHE. Mais...

RODILLE. D'abord, personne ne vous attend ici...

BLANCHE, regardant Rodille en face. Personne ne m'attend?...

RODILLE. Mon Dieu non!...

BLANCHE. Mais cet accident... ce cheval emporté... cette chute terrible dont vous m'avez parlé?...

RODILLE, souriant. N'ont jamais eu lieu, que je sache.

BLANCHE, avec épouvante. Jamais!... vous, vous m'avez menti! vous vous êtes fait un jeu de l'épouvante et de la douleur que vos paroles me causaient?...

RODILLE. Je conviens humblement de tous mes torts, mais j'avais une excuse...

BLANCHE, avec mépris. Vous? une excuse!

RODILLE, s'animant. Oui, la meilleure de toutes... l'ardent amour que vous m'inspirez!

BLANCHE, reculant avec effroi. L'amour! vous! ah! mon Dieu! mon Dieu! j'ai peur!

RODILLE. Pourquoi tremblez-vous ainsi? Qu'avez-vous à craindre de moi? mon amour est sans bornes, mais mon respect ne lui cède en rien! Depuis longtemps, je vous adore sans oser vous le dire, et si je trouve enfin le courage de vous en faire aujourd'hui l'aveu, c'est que mon plus ardent désir, ma plus chère ambition, le rêve de ma vie, est d'avoir le bonheur de vous donner mon nom...

BLANCHE, *passant à droite.* Moi! votre femme! Vous savez bien que j'aime Paul et je ne dois être qu'à lui!...
RODILLE. A force d'amour, j'ai la certitude de me faire aimer. Je suis riche, Blanche, tout ce que peut souhaiter une femme, je vous le prodiguerai...
BLANCHE. Eh! que m'importe cela? La misère avec Paul me semble préférable à la fortune avec vous, et, s'il faut faire un choix, je choisis la misère...
RODILLE. Vous n'agirez pas ainsi follement... je ne le permettrai pas!...
BLANCHE. Vous n'êtes ni mon père, ni mon tuteur, vous n'avez aucun droit sur moi...
RODILLE. Hors d'ici, peut-être... mais dans cette maison, qui m'appartient et où nous sommes seuls, j'ai tous les droits du monde... Je vous aime!...
BLANCHE, *remontant vivement.* Mais... c'est infâme...
RODILLE, *la poursuivant et lui saisissant les mains.* Infâme, dites-vous!... l'amour véritable ne l'est jamais... je vous aime!
BLANCHE. Rien ne pourra triompher de ma résistance!
RODILLE. A quoi la résistance vous servirait-elle? Je vous aime!
BLANCHE, *se dégageant et courant à la porte de droite.* Je crierai! J'appellerai à mon secours!
(*Trouvant la porte fermée, elle redescend à droite.*)
RODILLE. Appelez... personne ne vous entendra!
BLANCHE. Personne!... oh! si je n'ai pas d'autre moyen de m'échapper de vos mains, je me précipiterai par cette fenêtre! (*Elle s'élance vers la fenêtre et en écarte les rideaux qui laissent voir de lourds volets cadenassés.* — *Elle recule.*) Ah! fermée! fermée! je suis perdue! (*A Rodille s'agenouillant.*) Monsieur! monsieur, oh! par grâce, par pitié.. laissez-moi sortir de cette maison! laissez-moi retourner chez le docteur! Je vous implore, je vous supplie! vous ne pouvez vouloir ma mort! au nom de votre mère, au nom de tout ce que vous avez de plus cher en ce monde... rendez-moi la liberté! (*Après un temps.* — *Se relevant.*) Le silence de cet homme m'épouvante! mon Dieu! mon Dieu!... mon Dieu, prenez pitié de moi!
(*Elle tombe accablée sur le canapé.*)
RODILLE. Mon amour est si grand, qu'il me donnera le courage de voir couler vos larmes, car je compte sur l'avenir pour tout effacer, pour tout réparer!... vous réfléchirez, vous prendrez une décision.
BLANCHE, *se levant.* Ma décision, vous la connaissez déjà, elle ne changera pas! Tuez-moi si vous voulez, je ne serai jamais à vous.
RODILLE. Si vous ne prenez à l'instant même l'engagement d'être ma femme, Paul Vernier sera mort demain.
BLANCHE. Vous l'assassinerez! ah! c'est horrible!
RODILLE. Sa vie est entre vos mains! prononcez!
BLANCHE, *passant à droite.* Sa vie!... La vie de Paul!.. Oh! l'effroi me gagne... ma raison s'égare!... (*Tombant à genoux.*) Inspirez-moi, seigneur! et dictez-moi ce que je dois faire!
RODILLE, *à part.* Cette fois... j'ai frappé juste! (*Haut.*) Parlez! parlez! que décidez-vous?...
BLANCHE, *se relevant calme et froide.* La vie de Paul et la mienne sont entre les mains de Dieu! Je ne rachèterai point par une trahison, par une lâcheté, l'existence de celui que j'aime, provoquez-le donc et servez-vous de votre force contre sa faiblesse! Quoi qu'il advienne, ma résolution est inébranlable; je ne serai jamais votre femme!
RODILLE, *avec colère.* Ainsi, c'est votre dernier mot! Eh bien! vous venez de condamner à mort ce Paul Vernier que je hais!.. et quand je le tiendrai tout sanglant au bout de mon épée, je lui crierai : c'est Blanche qui vous tue, entendez-vous, c'est Blanche! Elle pouvait vous sauver, elle ne l'a pas voulu, son amour était un mensonge!...
(*Il remonte au fond, touche le ressort de l'alcôve, les panneaux de la boiserie s'ouvrent.*)
BLANCHE, *à part.* Mon Dieu! mon Dieu! donnez-moi la force?...
RODILLE, *lui désignant la chambre.* Voici votre prison. La mort ou le mariage!
(*Elle se dirige vers la chambre. Arrivée sur le seuil, elle se retourne et jette un dernier regard à Rodille.*)
RODILLE. Blanche!
BLANCHE. J'attends la mort!..

SCÈNE IV

RODILLE, *seul, refermant les panneaux.* (*Avec colère.*) Le sort en est jeté! Meurs donc, puisque tu le veux ainsi! (*Allant vivement à la table et saisissant la Bible qu'il y a déposée.*) Périsse aussi ce livre, et avec lui le souvenir de cette famille exécrée!... Il ne faudra qu'un instant pour en finir!— Et j'espérais avoir trouvé des armes pour la vaincre... je ne la connaissais pas! (*Il saisit la Bible, il en déchire les feuillets, qu'il jette dans le brasier.*) Brûlez! brûlez! brûlez? Avec votre dernière étincelle, s'éteindra la race des Vaubaron! (*Cherchant à déchirer la couverture.*) Oh! cette reliure ne cèdera donc pas! (*L'un des cartons se rompt en deux. Il y a jette la moitié dans le brasier, un papier s'échappe de l'autre partie et tombe à terre.*) Ce papier, il était enseveli sous cette épaisse enveloppe de cuir! (*Il saisit le papier et le déploie avidement. Le bas de la page est déchiré.*) Ce livre cachait un secret... Quel peut-il être? (*Il lit avidement.*) « Province » de Bretagne... château de Vaubaron, 1686. Poursuivi par » les catholiques... condamné à la mort ou à l'exil par la » révocation de l'édit de Nantes, en face du péril imminent » qui nous menace, j'enfouis ma fortune dans les souter-» rains de mon château.—Cette fortune, en monnaie d'or et » d'argent, représente une valeur de quatre millions de livres. » (*S'interrompant.*) quatre millions!.. (*Lisant.*) » Prévoyant des éven-» tualités fatales et voulant placer à l'abri de toute décou-» verte et de tout pillage l'héritage de mes descendants, » je murai moi-même, pendant la nuit, les passages secrets » établissant des communications entre les cryptes et le » château. » (*Parlé.*) 4 millions! enfouis sous la terre! Et cette note n'a pas été trouvée, puisqu'elle est restée dans ce livre! (*Se levant.*) Et c'est moi, moi, qui la lis le premier! Et cette fortune... Ah! je deviens fou!... le vertige de l'or s'empare de mon esprit! quatre millions! Allons, allons, Rodille, du calme, du calme, (*Lisant.*) « Si Dieu daigne pren-» dre mon fils sous sa protection, il n'aura, pour recon-» quérir cette fortune princière, qu'à consulter le plan » tracé pour moi au-dessous de cette note, et dans lequel » j'indique les passages secrets... et les endroits murés... » les... » (*Avec un cri.*) Ah! déchiré! j'ai déchiré le plan du château! (*Allant à la cheminée.*) Et le feu a tout détruit!... Ah! c'est horrible!.. C'est infernal! Ces millions, avec ce plan, je les avais, je les touchais!... et rien, rien, plus rien... Je trouve un monde et je le vois s'engloutir sous mes pieds!.. Où aller, où chercher, où fouiller? Rien pour me guider, rien pour me dire : c'est là! c'est là!... (*Avec une joie farouche.*) Rien, disais-je! si... si... La somnambule! La voyante! ah! justice de Dieu! je l'ai tuée!... Blanche! Blanche! (*Il court au fond, fait jouer les ressorts des panneaux qui s'ouvrent. On voit Blanche debout, approchant de ses lèvres un verre d'eau prise dans la carafe.*) Arrêtez! arrêtez!...

SCÈNE V

RODILLE, BLANCHE, puis SARRIOL, puis HORNER.

BLANCHE, *effrayée.* Que me voulez-vous? laissez-moi!..
RODILLE. Ne buvez pas! c'est la mort! (*Il lui arrache le verre des lèvres et le brise.*)
BLANCHE. La mort!
RODILLE, *l'entraînant en scène.* Venez! venez!
BLANCHE. Mon Dieu!
SARRIOL, *au dehors.* Monsieur Rodille, monsieur Rodille!
RODILLE. Quoi, qu'y a-t-il?
SARRIOL, *au dehors.* Le docteur Horner qui heurte à la porte...
BLANCHE ET RODILLE. Le docteur!
SARRIOL, *au dehors.* Que faut-il faire?
RODILLE. Ouvre et qu'il vienne! qu'il vienne!
BLANCHE. Que se passe-t-il? que voulez-vous faire de moi?
RODILLE. Vous rendre la liberté! la vie! Paul lui-même, si vous le désirez encore...
BLANCHE. Paul!
HORNER, *au dehors.* Blanche! où est Blanche? (*Il entre.*)
RODILLE. La voici, docteur, la voici!
HORNER. Ainsi donc, une fois de plus, vous avez voulu me tromper!! — Prenez garde, Rodille!.. Depuis douze ans vous me tenez dans vos serres!.. Mais je suis las de ce rôle de dupe!.. Ne me fournissez pas un prétexte nouveau, car à la première trahison, je vous jure, que l'esclave relèvera la tête pour parler en maître à son tour!..
RODILLE. Eh! bien, oui, je vous avais trompé, c'est vrai, mais qu'importe! Je vous rends Blanche, et nous sommes les rois du monde!
HORNER. Que dit-il?
RODILLE. La vérité, docteur, et vous allez le comprendre quand vous saurez...
HORNER. Quoi donc?
RODILLE. Rien ici, rien. C'est en Bretagne que je vous dirai tout!..
HORNER ET BLANCHE. En Bretagne!
RODILLE. Au château de Vaubaron. (*Montrant Blanche.*) Au château de ses aïeux!
BLANCHE. De mes aïeux!

HORNER. Il devient fou!
RODILLE, riant d'un rire frénétique. Ah! vous avez raison, docteur!.. Je crois que je deviens fou!... ah! ah! ah!.. quatre millions! quatre millions!... (Il prend le papier déchiré... le serre contre sa poitrine et tombe sur un siège en répétant avec une joie folle), quatre millions!.. quatre millions!...

Septième Tableau

Une auberge à Quimper. Porte au fond, s'ouvrant sur la route. Porte à droite. A gauche grand escalier conduisant aux étages supérieurs. Tables sièges, etc.

SCÈNE PREMIÈRE

ALAIN, FAUVEL, un POSTILLON, un ANGLAIS, plusieurs
PAYSANS, PORNIC, YVONNE, BÉRÉNICE.

Au lever du rideau, Fauvel prend des mains de l'Anglais la valise qu'il porte et la donne à Pornic. Le Postillon cause au fond avec quelques paysans. Bérénice sort à droite et à gauche. Une chaise de poste est au fond.

FAUVEL, à l'Anglais. Soyez tranquille, milord, on vous donnera une chambre convenable.
L'ANGLAIS. Yes! yes! le comfortèble!...
FAUVEL, à l'Anglais lui présentant une chaise. Milord vient de Paris?
L'ANGLAIS, examinant autour de lui. Oh! nô... moâ venir to city of Rouen..
FAUVEL. Ah! de Rouen. Milord passera sans doute la nuit dans mon auberge?
L'ANGLAIS. Oh! yes! probébelement!
LE POSTILLON, finissant de boire un petit verre. Au revoir, père Fauvel...
FAUVEL. Au revoir! mon garçon!
(Le postillon sort.)
FAUVEL, revenant à l'Anglais. Milord est sans doute fatigué?... Il se reposera avant son dîner...
L'ANGLAIS. No... no... Je havais onne grande appétit beaucoup... onne faim comme une crocodile!
FAUVEL. Milord veut dîner de suite!
L'ANGLAIS. Yes! yes! tutte te suite!
FAUVEL. Milord veut-il être servi dans cette salle?...
L'ANGLAIS. Oh! yes! Je voolai bienne... Je désirais même... servez-moâ if you please, tutte suite!... déréclé... coviik vere couik?
FAUVEL. Oui... oui... oh! yes, milord, tutte suite! tutte suite.. Vous n'attendrez pas une minute.. (Appelant.) Bérénice, Yvonne, allons, lambines! (Les servantes entrent.) Mettez ici le couvert de milord... descendez à la cave et montez, pour milord, du vieux vin de derrière les fagots!
(Les servantes dressent le couvert; l'Anglais s'assied.)
BÉRÉNICE. Oui, bourgeois!
FAUVEL. Pardon, milord... mais une règle générale... une ordonnance de police, m'oblige à inscrire sur mon registre le nom des personnes qui logent chez moi... même pour une seule nuit... et comme vous avez demandé une chambre...
L'ANGLAIS. Yes, yes, je comprenais... voici le passe-port de moâ!... Lookear.
(Il lui donne son passe-port.)
FAUVEL. Merci!
(Il va à son comptoir, s'y installe, prend son registre et inscrit les noms et prénoms de l'Anglais.)
L'ANGLAIS. Une pièce de ma collection.
BÉRÉNICE, entrant et servant. Le déjeuner de milord!
L'ANGLAIS. Ah! oh! brèvo! brèvo! mon joli fille!...
FAUVEL, écrivant. Sir Tom Brown, de Leicester, rentier, venant de Rouen! (Rendant à l'Anglais son passe-port.) Merci, milord!...
L'ANGLAIS, remettant son passe-port dans sa poche. Ah! mossir l'auberge... iste!
FAUVEL. Milord!
L'ANGLAIS. Voô étiez voô, le seul iounique dans votre genre... où les postillons ils faisaient la halte du repos?
FAUVEL. Oui, oui, milord... C'est chez moi seul que se font les relais... je suis maître de poste.
L'ANGLAIS. Personne it ne poûvait passer sans arrêter soi-même dedans lè auberge... iste?
FAUVEL. Personne!
L'ANGLAIS. Et, avant Pen-march, ce hétait le dernier relais de poste?... FAUVEL. Oui, milord, le dernier!
L'ANGLAIS. Biène! Voô n'avez pas ici... d'autre voyageur que moâ en cette moment!
FAUVEL. Non! milord.
L'ANGLAIS se met à table. Biène! biène!
(On entend au-dehors le bruit d'une chaise de poste lancée à fond de train. La voix du postillon excitant les chevaux, les claquements du fouet et les grelots. L'Anglais fait un mouvement de joie.)

BÉRÉNICE, entrant. Bourgeois! bourgeois! Encore un berlingot!
FAUVEL, sortant avec les servantes. Allons, vous autres! vivement aux valises!
HORNER, au dehors. Eh bien! payez le postillon, mon cher Rodille!
L'ANGLAIS, à part, changeant la table de place. Ce sont mes honnêtes associés! attention!
FAUVEL. Descendez... descendez, messieurs! L'auberge de l'Ancre d'Or vous recevra de son mieux!
(Horner descend et offre la main à Blanche. Rodille vient derrière eux et s'arrête au fond pour payer le postillon.)
BÉRÉNICE, portant une valise. Ah! la jolie dame!

SCÈNE II

HORNER, RODILLE, BLANCHE, L'ANGLAIS, LE POSTILLON,
FAUVEL, BÉRÉNICE, YVONNE.

BLANCHE. Ah! docteur! je suis brisée!
HORNER. Quelques heures de repos suffiront, chère enfant, pour vous remettre de cette fatigue!
FAUVEL. Faut-il préparer une chambre pour madame?...
HORNER. Oui! faites vite!
(Fauvel donne des ordres à voix basse.)
RODILLE, descendant en scène. Est-ce que Blanche est souffrante?
BLANCHE. Un peu, monsieur Rodille.
RODILLE. Ce ne sera rien! patience... nous sommes au terme du voyage...
FAUVEL. Si madame veut suivre Bérénice, on lui indiquera le logement qu'elle doit occuper.
BLANCHE. Oui...
HORNER. Vous monterez ensuite une légère collation... Une aile de volaille froide, du fruit et une bouteille de bordeaux...
FAUVEL, à Yvonne. De derrière les fagots, Yvonne!
HORNER, à Blanche. Allez, chère enfant, allez!...
BLANCHE, à part, en sortant. Oh! Paul! Paul! si vous avez reçu ma lettre, pourquoi n'êtes-vous pas ici déjà!
(Elle sort, précédée de Bérénice qui gravit l'escalier.)

SCÈNE III

RODILLE, HORNER, L'ANGLAIS, FAUVEL, LE POSTILLON.

RODILLE, se débarrassant de son chapeau et de son manteau. Allons... encore quelques heures... et les trésors du château de Vaubaron seront à nous!
FAUVEL, à Horner. Ces messieurs passeront-ils la nuit à l'auberge de l'Ancre d'Or?...
HORNER, s'asseyant à une table à droite. Cela dépendra du temps que nous mettrons pour aller à Pen'march.
FAUVEL. A Pen'march!... — Mais, en partant à l'instant, vous n'arriveriez pas avant la nuit tombée. A pied, il y a pour cinq heures de marche d'ici à Pen'march, avec ça, il vous faudra passer par les ruines du château de Vaubaron.
(L'Anglais dresse l'oreille. Rodille et Horner se regardent. Pornic monte l'escalier des chambres hautes, portant la collation demandée pour Blanche.)
RODILLE, s'asseyant en face d'Horner. [La route n'est point facile?
FAUVEL. Pas trop.
RODILLE. Ne pourrions-nous aller à Pen'march en chaise de poste?...
FAUVEL. Ce serait difficile jusqu'aux ruines; mais, à partir des ruines, ce sera complètement impossible.
RODILLE. Combien nous faudrait-il de temps pour effectuer ce voyage dans de telles conditions?
FAUVEL. De deux heures à deux heures et demie.
RODILLE. Bien!... Vous allez faire remiser notre chaise, et ce soir, à la nuit tombante, vous y attellerez deux de vos meilleurs chevaux.
FAUVEL. Frisette et la Grise... deux fières marcheuses. Faudra-t-il un postillon à ces messieurs?
RODILLE. Inutile.. Je conduirai moi-même.
FAUVEL. Alors ces messieurs reviendront coucher ici?
RODILLE. Oui... vous préparerez trois chambres.
HORNER. Maintenant, servez-nous vite à dîner; je meurs de faim.
FAUVEL. Ces messieurs dîneront-ils ici, dans la chambre commune?
RODILLE. Oui.
HORNER. Mais!...
RODILLE. Oui, ici... (Bas à Horner.) Pas de mystère, les soupçons naissent moins vite!
FAUVEL, à Bérénice. Vite, vite, deux couverts, toi, lambine; et du vin de derrière les fagots!
(Bérénice sort et rentre portant tout ce qu'il faut pour dresser le couvert de Rodille et d'Horner.)
RODILLE. Avez-vous beaucoup de voyageurs, en ce moment, à l'auberge de l'Ancre d'Or?

FAUVEL. Rien que vous, messieurs, et ce milord qui mange là-bas; d'un si bon appétit.
HORNER. Ah! oui... cet Anglais, dont la chaise a dépassé la nôtre, au-dessus de Ploërmel.
L'ANGLAIS. Mossieu l'auberge... isté!
FAUVEL. Milord?...
L'ANGLAIS. Donnez à moa oun autre fagot.
FAUVEL. Un fagot!... ah! du vin... oui... oui. Voilà, Milord!
(Il sort.)
RODILLE. C'est un voisin peu dangereux.
BÉRÉNICE, plaçant une omelette sur la table d'Horner. Voilà, messieurs!
RODILLE. Ah!
(Ils commencent à manger.)
FAUVEL, rentrant à Rodille. Pardon, messieurs, mais le règlement de police est sévère!
HORNER, tressaillant. La police!
FAUVEL. Oui... comme vous coucherez ici, je dois inscrire sur mon registre...
RODILLE. Ah! oui, nos passe-ports.
FAUVEL. C'est la règle!
RODILLE. Voici.
(Il donne les passe-ports. Fauvel va à son comptoir et écrit sur son registre.)
FAUVEL, écrivant. Le docteur Horner, Blanche, sa nièce, et M. Rodille, homme d'affaires.
HORNER, bas à Rodille. Que faites-vous! ces passe-ports avec nos véritables noms?
RODILLE, de même. Mon cher ami, rien de mieux caché qu'un voleur dans la maison d'un gendarme!
FAUVEL, relisant ce qu'il a écrit. C'est bien cela! (Remettant les passe-ports à Rodille.) Merci monsieur... — Maintenant, je vous faire remiser votre chaise; si vous avez besoin de quelqu'un, vous appellerez...
RODILLE. Oui... oui... allez!
(Fauvel sort.)

SCÈNE IV
RODILLE, HORNER, L'ANGLAIS.

RODILLE. Vous le voyez, tout marche à merveille.
HORNER. Pourquoi revenir ici cette nuit?
RODILLE. Croyez-vous donc que nous pourrons, en une seule fois, emporter les sommes énormes que recèlent les ruines du château de Vaubaron?
(L'Anglais, l'oreille tendue, écoute attentivement la conversation des deux hommes.)
HORNER. Que comptez-vous faire?
RODILLE. Aller ce soir visiter ces ruines, reconnaître, grâce à Blanche, l'endroit désigné dans la note... nous frayer un passage jusque-là... compter notre fortune... et revenir ici heureux et triomphants.
HORNER. Si cette note avait menti?
RODILLE. Impossible! Blanche endormie n'a-t-elle pas vu les souterrains, les trésors?...
(L'Anglais se lève, et remonte au fond, toujours écoutant.)
HORNER. Si elle s'était trompée, pourtant?
RODILLE. Vous doutez de la lucidité de Blanche?
HORNER. Non... mais comme vous j'ai le vertige! comme vous j'ai la fièvre, et je tremble à la pensée de voir s'évanouir ce mirage éblouissant qui m'enivre!
RODILLE. Allons donc! moi, je ne crains rien! Cette nuit nous toucherons du doigt nos richesses, et demain, nous arracherons aux souterrains, qui la recèlent depuis des siècles, cette fortune quasi-royale, que notre bonne étoile nous envoie!
L'ANGLAIS, venant s'asseoir entre Horner et Rodille, au bout de la table. Pas sans moi, chers amis!
HORNER et RODILLE, se levant avec stupeur et reconnaissant le personnage. Laridon!
LARIDON. Moi-même, mes compères! rasseyez-vous donc, s'il vous plaît.
HORNER et RODILLE. Laridon!...
LARIDON. Oui, Laridon! ce bon imbécile de Laridon, que l'on envoyait se promener en Allemagne, pour lui pincer plus facilement sa part d'un monceau d'or tombé du ciel! Mais, pardon, mes petits amis, entre nous trois, tout doit être commun! Je vous le rappelle, puisque vous l'oubliez! Il me faut ma part! je la veux! je l'aurai!
RODILLE, à part. Le vieux coquin!...
LARIDON. Va boire la bière des Allemands, enivre-toi de genièvre... gonfle-toi de choucroûte, épaissis-toi le sang, et crève comme une brute!... nous, nous serons riches et nous mênerons la vie joyeuse! voici ce que vous disiez, mes compères! et vous, partiez sans souci de moi, en vous frottant les mains et riant à mes dépens! Mais la brute veillait! J'étais sur vos talons! je vous suivais pas à pas sans trop me presser... je vous dépassais il y a une heure... je vous attendais ici, et j'apprenais enfin de votre propre bouche tout ce que j'avais besoin de savoir! Qu'en dites-vous?...
RODILLE. Misérable!
LARIDON, prenant un verre. Verse-moi à boire, et ne crie pas si fort, on pourrait t'entendre!
HORNER, saisissant un couteau. Oh! Laridon!...
LARIDON. Prends garde, mon bon ami, tu vas te blesser! Ah! vous faisiez sauter la coupe, mais j'avais un refait dans ma manche!
HORNER, frappant sur la table. Allons, maître, assez!
LARIDON. Vous êtes deux jolis filoneurs?
BÉRÉNICE, entrant. Vous appelez, messieurs?...
LARIDON. Yes... Ces gentlemen ils offrent le champagne à moâ!
BÉRÉNICE. A l'instant, milord! de derrière les fagots...
(Elle sort.)
LARIDON. Ainsi... nous nous accordons parfaitement bien, n'est-ce pas? plus de malentendu entre nous?
HORNER. Que voulez-vous?
LARIDON. Vous serrer la main, mes chers amis, et partager les millions!... Mon Dieu, voilà tout!
RODILLE. C'est bon! nous partagerons!
LARIDON. Non! nous nous tenons! C'est pour cela que je vous pardonne, vous vouliez me jouer, je vous joue : nous sommes quittes!

SCÈNE V
LES MÊMES, BÉRÉNICE, FAUVEL.

BÉRÉNICE, entrant avec du champagne et des verres. Le champagne!
(Elle place les objets sur la table.)
FAUVEL, entrant de droite. Voici la nuit, messieurs, faut-il mettre les chevaux à la voiture?
RODILLE, sombre. Oui!
FAUVEL. Dans cinq minutes tout sera prêt.
(Il sort.)
HORNER. Qu'allons-nous faire?
LARIDON. Ne rien changer au programme, aller visiter les trésors, revenir dormir du sommeil du juste, et demain, nous occuper du partage et du déménagement.
RODILLE, à Bérénice. Priez la jeune personne que vous avez conduite à sa chambre, de venir nous rejoindre.
BÉRÉNICE. Oui, monsieur!
(Elle gravit l'escalier et sort.)
HORNER, à Laridon. N'épouvantez pas Blanche, en reprenant votre personnalité devant elle.
LARIDON. Soyez tranquille, docteur... Je ne changerai de costume que lorsque vous l'aurez endormie... J'ai double enveloppe... A votre santé, mes compères!
RODILLE, trinquant. A la vôtre!
LARIDON. Et à la santé des Vaubaron!
TOUS. A la santé des Vaubaron!

SCÈNE VI
RODILLE, HORNER, LARIDON, BLANCHE, BÉRÉNICE, puis FAUVEL.

BLANCHE, à part paraissant au haut de l'escalier. Et Paul! Paul qui ne vient pas!
HORNER, se levant. Blanche!... vous voici!...
BLANCHE. Docteur, allons-nous continuer encore ce voyage interminable?...
HORNER. Pour deux ou trois heures au plus, chère enfant!
BLANCHE. La nuit vient... je ne sais pourquoi, mais j'ai peur...
RODILLE. Point de vaines frayeurs!... Avant minuit, nous serons de retour ici, et vous reprendrez possession de votre chambre!
FAUVEL, entrant. Si ces messieurs veulent monter en voiture la chaise les attend dans la cour...
HORNER. Nous voici!
(Horner offre le bras à Blanche et sort, précédé de Fauvel, par la droite.)
RODILLE, à Laridon. Passez, milord!
LARIDON. A vô l'honneur... mossié. Passez donc!
(Il sort.)
RODILLE, à part, sortant. L'imprudent!

SCÈNE VII

BÉRÉNICE, desservant les tables avec Yvonne. Rodille, apporte une lampe qu'il dépose sur la table de gauche. Eh bien, vrai, ils ont du temps à perdre et une drôle d'idée, ces gens-là, pour s'amuser à aller à l'aventure, par la noire nuit, au milieu des bois et en passant dans les ruines, où qu'on prétend que

le diable revient! Mon doux Jésus! C'est pas moi qui ferais ce voyage-là sans une brigade de gendarmerie, par exemple! (Bruit au dehors, voix diverses.) Eh ben! qu'est-ce qu'il y a donc par là? (Allant au fond, et regardant au dehors.) C'est un jeune homme qui vient de s'abattre, avec son cheval, l'un par-dessus l'autre!
YVONNE. Ah! mon Dieu!
BÉRÉNICE. Il est blessé! on l'apporte chez nous.

SCÈNE VIII

JEAN VAUBARON, PAUL, PORNIC, YVONNE, BÉRÉNICE, PAYSANS, PAYSANNES, puis FAUVEL. Vaubaron entre, précédant un groupe de paysans et de paysannes portant Paul Vernier évanoui.

VAUBARON. Ici! ici, mes amis!
BÉRÉNICE. Là, placez-le sur ce fauteuil.
UN PAYSAN. Si on allait chercher un docteur!
VAUBARON. Non... non... un peu d'eau... du vinaigre! (Bérénice et Yvonne apportent ce que demande Vaubaron.) Ce ne sera rien... Il n'y aucune fracture!
UN PAYSAN. Quelle chute! Il devait être brisé sur le pavé! (On entend le roulement d'une voiture s'éloignant.)
BÉRÉNICE. Pauvre jeune homme!
FAUVEL, entrant. Les voilà partis! (Voyant la chambre p'eine de monde.) Eh bien! quoi... qu'y a-t-il?... (Apercevant Vaubaron.) Vous, monsieur Jean! déjà de retour de Paris!
VAUBARON. Oui... oui... monsieur Fauvel!
FAUVEL. Qu'est-ce qui se passe donc? Ce jeune homme?
VAUBARON. Un imprudent, qui voyageait sur un cheval couvert d'écume et de poussière: à cinquante pas d'ici, le cheval s'est abattu... Le jeune homme, lancé en avant, s'est évanoui... un instant je l'ai cru mort...
FAUVEL. Ah! comment va-t-il?
VAUBARON. Mieux... Voyez, il revient à lui!
FAUVEL. Je vais lui préparer une chambre et un bon lit, à ce pauvre diable.
VAUBARON. C'est cela, je veillerai sur lui; allez, monsieur Fauvel, allez!
FAUVEL. Yvonne, Bérénice, allons... lambines, allons! (Il gravit l'escalier, suivi de Yvonne et de Bérénice.)
VAUBARON, aux paysans. Mes amis... je crois que vous feriez bien de vous retirer. En vous voyant auprès de lui, il se rappellerait son accident, et la peur du danger passé serait plus à redouter que le danger lui-même...
UN PAYSAN. Vous avez raison, monsieur Jean!... allons, vous autres, arrivez!
VAUBARON. Merci pour lui, mes amis, merci!...
(Les paysans sortent.)

SCÈNE IX

VAUBARON, PAUL.

VAUBARON, à Paul qui revient à lui. Courage, jeune homme! courage! vous n'avez plus rien à craindre, vous êtes chez des amis...
PAUL, regardant autour de lui. Des amis!
VAUBARON. Oui!
PAUL. Mon Dieu! à peine si je me souviens!
VAUBARON. Vous voyagiez à cheval, venant de loin peut-être?
PAUL. Je venais de Paris... oui... oui... Je me rappelle maintenant... J'arrivais de Quimper, brisé de fatigue, mon cheval surmené tremblait sur ses jambes; je sentis glisser sous moi et s'abattre... un nuage passa devant mes yeux... il me sembla que j'allais mourir!
VAUBARON. Non, non... puisque vous n'avez même aucune blessure...
PAUL. Oh! monsieur, je vous remercie, vous qui m'avez sauvé, sans doute!...
VAUBARON. Calmez-vous!
PAUL. Où sommes-nous ici?
VAUBARON. A Quimper, à l'auberge de l'*Ancre d'Or*!
PAUL. A Quimper! Depuis combien de temps suis-je dans cette maison?
VAUBARON. Depuis dix minutes environ.
PAUL. Dix minutes... Juste ce que j'avais regagné sur eux... Ils doivent être loin à cette heure! Et Blanche! Blanche! Ils me l'enlèvent... et j'ai l'air de l'abandonner!
VAUBARON. Que voulez-vous dire?...
PAUL. Monsieur, monsieur, vous qui m'avez empêché de mourir, vous pouvez me guider, me soutenir... vous pouvez me renseigner peut-être...
VAUBARON. Parlez!
PAUL. Êtes-vous de ce pays?
VAUBARON. Non... mais les environs me sont familiers.

PAUL. Près de Quimper avez-vous entendu parler d'un village que l'on nomme le hameau de Vaubaron?
VAUBARON, étonné. De Vaubaron?
PAUL. Oui... le connaissez-vous?
VAUBARON. Je le connais.
PAUL. Oh! alors vous m'y conduirez... Vous viendrez avec moi jusqu'aux ruines du château!...
VAUBARON. Aux ruines! mais qu'allez-vous donc y chercher?
PAUL. Qui? Mais Blanche, ma fiancée... Blanche qui m'appelle! Blanche qui me crie: Paul! sauvez-moi! sauvez-moi!
(Il tire de sa poche la lettre de Blanche et la présente à Vaubaron.)
VAUBARON, saisissant la lettre. Blanche! le nom de ma fille! (Allant près de la lampe et lisant. » Je profite d'un instant de » liberté pour vous écrire. — Paul, si vous m'aimez, sau- » vez-moi; on m'emmène en Bretagne, au château de mes » aïeux! au château de Vaubaron! » « Je vous aime, » Blanche Vaubaron... » (Avec un cri.) Blanche Vaubaron! Blanche! oh! mon Dieu! mon Dieu! quel miracle venez-vous d'accomplir! (A Paul.) Cette enfant! cette jeune fille, vous l'aimez!
PAUL. Je l'aime!... je l'adore! et les infâmes me l'ont prise! Horner, Rodille et Laridon!... pour faire leur proie de cet ange!
VAUBARON. Horner! Laridon!
PAUL. Le magnétiseur! le bandit!
VAUBARON. Et c'est en Bretagne, c'est aux ruines du château de Vaubaron qu'ils se rendent?...
PAUL. Oui!...
VAUBARON. Ah! justice de Dieu! le ciel sombre s'entr'ouvre donc enfin pour laisser passer la lumière!
PAUL. Que dites-vous?
VAUBARON. Il y a dans tout cela un mystère terrible... un mystère de vie ou de mort... un mystère de réhabilitation pour moi, peut-être. Blanche! Blanche Vaubaron. Il n'y avait qu'un enfant au monde, qui dût porter ce nom, et cette enfant, c'était ma fille!
PAUL. Votre fille... la somnambule...
VAUBARON. Oui! oui! ma fille! ma fille, volée par ces misérables!
PAUL. Ah!
VAUBARON, appelant. Fauvel! Fauvel!

SCÈNE X

LES MÊMES, FAUVEL et BÉRÉNICE.

FAUVEL, sur l'escalier. Quoi! qu'y a-t-il?
VAUBARON, gravissant l'escalier et forçant Fauvel à descendre. Venez! mais venez donc!
FAUVEL. Mon Dieu! il est fou!
VAUBARON. Répondez! répondez!... aujourd'hui, ce soir même, trois voyageurs, accompagnés d'une jeune fille, ne se sont-ils pas arrêtés dans votre auberge?
FAUVEL. Oui!
VAUBARON. Le nom de ces voyageurs.
FAUVEL. Attendez! attendez!
(Il court au comptoir, prend un registre et l'ouvre à l'endroit où il a inscrit le nom des voyageurs. — Paul a pris la lampe et l'a portée sur le comptoir.)
VAUBARON, lisant. Tom Brown, Horner, Rodille et Blanche.
PAUL ET VAUBARON. Ah!
VAUBARON. Où sont-ils? que sont-ils devenus?
FAUVEL. Ils viennent de partir pour Pen'march!
VAUBARON. Pour Pen'march! La route de Pen'march traverse les ruines du château de Vaubaron! c'est là que nous les trouverons (à Paul.) Vous sentez-vous la force de me suivre?
PAUL. Pour retrouver Blanche, j'irais au bout du monde!
VAUBARON. Mais des armes?... je n'ai pas d'armes...
PAUL, tirant des pistolets de sa poche et les lui présentant. En voici!
VAUBARON, les prenant. Donnez, et maintenant au château de Vaubaron! nous y serons peut-être avant eux!
(Il entraîne Paul et ils disparaissent Fauvel effrayé les regarde avec stupeur.)

Huitième Tableau

LES RUINES DU CHATEAU DE VAUBARON

Le théâtre est coupé horizontalement dans toute sa largeur. — La partie basse représente les caveaux du château de Vaubaron. — Voûtes et galeries souterraines s'étendant à perte de vue. — La partie haute est occupée par les ruines du château. — Murs démantelés, arceaux croulants. — Au fond la campagne boisée. Il fait nuit. La lune brille dans les nuages.

SCÈNE PREMIÈRE

RODILLE, HORNER, LARIDON, BLANCHE.

Au lever du rideau on voit les quatre personnages paraître au lointain. — Blanche marche la première. — Elle est endormie du sommeil magnétique. Son pas est lent et cadencé. Horner la suit le bras tendu vers elle, lui imposant ainsi sa volonté. Laridon éclaire la marche à l'aide d'une lanterne. — Rodille vient le dernier, tous trois sont armés de pioches et de leviers. — Arrivés sur le plateau principal des ruines, Blanche s'arrête.

HORNER, à Blanche lui faisant un geste impératif. Conduisez-nous... je le veux !...

(Blanche se baisse... écarte une touffe de genêts et s'engage par une ouverture dans les souterrains, Horner la suit ainsi que Rodille et Laridon, tous les trois sont dans les souterrains. Blanche s'arrête devant une épaisse muraille.)

HORNER, à Blanche. Eh bien ?
BLANCHE, étendant le bras vers la muraille. Là ?
HORNER. Il faut percer cette muraille ?
BLANCHE. Oui...
HORNER. Et derrière que trouverons-nous ?
BLANCHE. Le trésor.
RODILLE. Vous l'avez entendu !... à l'œuvre !... à l'œuvre !...
HORNER et LARIDON. A l'œuvre !

(Ils ôtent leurs habits et s'apprêtent ; à ce moment un commissaire, Alain, Fauvel, des paysans et des gendarmes paraissent sur le plateau.)

SCÈNE II

LES MÊMES, FAUVEL, UN BRIGADIER DE GENDARMERIE, PAYSANS avec des torches.

FAUVEL. Par ici, monsieur le brigadier, par ici... Ils doivent être dans les ruines... Ils cherchent mes voyageurs, j'en réponds... ils avaient des pistolets, du sang dans les yeux... Ils vont commettre un crime...
LE BRIGADIER. Et vous êtes certain que l'un de ces deux hommes est celui qu'on appelle l'homme aux figures de cire, et qu'une dépêche venue de Paris m'ordonne d'arrêter comme forçat en rupture de ban ?...
FAUVEL. Oui, monsieur le brigadier. J'en suis sûr.
LE BRIGADIER. Où est l'entrée des souterrains ?...
FAUVEL. Au bas de la côte, à deux cents pas d'ici.
LE BRIGADIER. Allons, suivez-moi, messieurs.

(Ils sortent à gauche.)

SCÈNE III

RODILLE, HORNER, LARIDON, BLANCHE.

(Rodille, Horner et Laridon ont dégagé les pioches qu'ils portaient à leur ceinture et ils attaquent la muraille impétueusement.)

RODILLE. Oh ! la pioche s'ébrèche sur ces pierres !
HORNER. Courage !
LARIDON. Mazette ! Ils bâtissaient solidement dans ce temps-là !...
RODILLE, piochant toujours. Impossible !... Ces murailles sont de granit !
HORNER. Allons-nous donc échouer ?...
RODILLE. Non ! car j'ai tout prévu... J'ai de la poudre... Minons ce pan de mur.
HORNER effrayé. Et si ces voûtes s'écroulent sur nos têtes ?...
RODILLE. Pour un pareil enjeu, on peut risquer sa vie... éloignez Blanche !
LARIDON, vivement. Je m'en charge. (Il fait passer Blanche dans le côté des souterrains de droite. — A part.) Si ça pouvait les écraser tous deux !

(Rodille et Horner préparent la mine. — A ce moment Jean Vaubaron et Paul Vernier apparaissent sur le plateau.)

SCÈNE IV

HORNER, RODILLE, LARIDON, BLANCHE, dans les souterrains, PAUL, VAUBARON, sur le plateau.

PAUL. Où sommes-nous ?
VAUBARON. Dans les ruines du château ! Ceux que nous poursuivons doivent être ici. Cherchons.

(Ils disparaissent derrière les murailles croulantes, Rodille arrange la traînée de poudre de la mine ; il l'allume et s'éloigne.)
(Le mur tout entier s'écroule avec fracas, découvrant un amas d'or et de pierreries qui scintillent sous les clartés de la lanterne.)

TOUS. Ah !

(Blanche se réveille et regarde autour d'elle avec effroi.)

RODILLE. Que d'or !! que d'or !!
HORNER. Oh ! c'est à donner le vertige ! Mes rêves n'allaient pas jusque-là !
RODILLE, avec une sorte de délire. Enfin ! Je vais donc atteindre le but de ma vie ! Tout cela est à moi ! à moi le trésor ! à moi les millions ! à moi le monde !
LARIDON, scandalisé. Hein ? Par exemple ! Comment, à lui !
HORNER. Il me semble, compère, que vous pourriez bien dire : à nous trois !...
RODILLE, tirant un pistolet de sa poche et l'armant. A nous trois !

Pauvres sots ! Vous me connaissez mal !... Rodille ne veut ni complice... ni partage ! Ceux qui le gênent, il les supprime !

(Il fait feu de son arme.)

LARIDON, HORNER. Misérable !

(Horner, frappé, tombe à la renverse, hors de vue du spectateur. Laridon saisit un levier et s'élance sur Rodille. Celui-ci lui saisit les poignets, une lutte s'engage, lutte d'un instant, et enfin Laridon tombe frappé par Rodille en poussant un cri. Ils ont disparu tous les deux dans les souterrains.)

BLANCHE, au comble de la terreur. Ah ! je suis perdue.

(Elle tombe à la renverse.)
(Vaubaron et Paul ont reparu sous un rayon de lune, au moment où retentissent les détonations, ils écoutent.)

PAUL. Avez-vous entendu ?
VAUBARON. Oui ! une explosion, puis des coups de feu.
PAUL. Qui semblaient résonner sous nos pieds, dans les entrailles de la terre...
VAUBARON. Plus de doute... les misérables sont près de nous !... Cherchons !... cherchons !...
PAUL, arrivant au bord du puits et se penchant. Ah ! cette lueur souterraine !
VAUBARON, regardant à son tour. Ils sont là !... nous touchons au but... courage ! suivez-moi !

(Il se laisse glisser dans l'ouverture, Paul le suit.)

RODILLE, revenant auprès du trésor. Morts tous les deux !... les insensés !... Ils n'avaient pas compris que la lutte était impossible contre moi, et que quiconque l'entreprendrait devait succomber !... Me voilà seul ! ! Ah ! je reviendrai demain... je reviendrai pendant des semaines, s'il le faut, chaque jour, chaque nuit, pour emporter peu à peu mon trésor...

(Il se penche et ramasse des poignées de pierres précieuses. Vaubaron et Paul Vernier paraissent.)

VAUBARON. Un homme...
RODILLE, se levant brusquement. Qui va là ?
VAUBARON, tressaillant. Cette voix !... cette voix !... je la reconnais...
PAUL. C'est Rodille.
RODILLE, avec terreur. N'avancez pas... je suis armé !
VAUBARON, avec désespoir. Ma fille !... ma fille !... qu'as-tu fait de ma fille ?...
RODILLE avec terreur. Vaubaron ! Vaubaron !

(Il disparaît épouvanté dans les galeries de gauche.)

VAUBARON. Misérable !...

(En s'enfuyant, Rodille a renversé la lanterne qui s'est éteinte. — Nuit complète à la rampe. — Paul s'élance à sa poursuite dans les ténèbres.)

PAUL. Il fuit !... il s'échappe !...
VAUBARON. Blanche !... Blanche, mon enfant, où es-tu ?... C'est ton père, ton père qui t'appelle !... Rien !... rien !... le silence du tombeau... ah !... (Il se traîne sur les monceaux d'or et il rencontre enfin le corps de la jeune fille.) Est-elle morte ou vivante !... Ma main tremble... je ne sais pas si son cœur bat !... On pourrait peut-être la sauver... mais ces ténèbres maudites... Qui donc les dissipera !! Mon Dieu ! ne viendrez-vous point à mon secours ?... Mon Dieu ! laisserez-vous périr mon enfant ?...
PAUL, revenant en scène. Je n'ai pu le rejoindre et Blanche n'est pas vengée !...
VAUBARON, appelant. Paul ! Paul !
PAUL. Ah ! Blanche ! (Il s'agenouille près de la jeune fille). Oh ! par grâce !... par pitié, monsieur, dites-moi qu'elle est vivante... Dites-moi que je puis vivre encore !...
VAUBARON, avec désespoir. Je ne sais pas... je ne sais pas...

(En ce moment une clarté vive inonde les souterrains. Le brigadier de gendarmerie paraît, suivi des gendarmes et des paysans qui portent des torches.)

SCÈNE V

VAUBARON, PAUL, BLANCHE, FAUVEL, LE BRIGADIER, GENDARMES, PAYSANS.

VAUBARON, voyant le visage de Blanche. Oui... oui... elle respire !... Ah ! que Dieu soit béni !...
PAUL. Blanche ! Blanche...
BLANCHE. Paul !

(Le brigadier s'est arrêté, les yeux fixés sur Jean Vaubaron, qui, tout à Blanche, ne semble pas s'apercevoir de sa présence... Des gendarmes et des paysans se répandent dans les galeries souterraines avec des torches.)

PAUL. Cette lumière !... Tout ce monde !...
FAUVEL, revenant vivement sur ses pas. Monsieur le brigadier, un double crime vient d'être commis... J'en étais sûr !... voyez, deux cadavres... là... là !...
LE BRIGADIER. Deux cadavres !... (Désignant Vaubaron et Paul.) Qu'on arrête ces hommes !

PAUL. Nous arrêter!...
VAUBARON, se redressant. Nous arrêter!... pourquoi?
LE BRIGADIER. Surpris les armes à la main sur un amas d'or... près de vos victimes...
VAUBARON. Mes victimes!...
LE BRIGADIER. Vous vous nommez Jean Vaubaron, vous êtes un ex-forçat en rupture de ban...
VAUBARON. Eh bien! oui, je me nomme Jean Vaubaron! Oui, je suis le plus infâme des hommes, ou j'en suis le plus malheureux! Je me rends, arrêtez-moi!... je n'ai qu'une prière à vous adresser... une grâce à vous demander! — Un homme était ici tout-à-l'heure... il a pris la fuite, mais il ne saurait être loin .. Ordonnez qu'on poursuive cet homme... qu'on le ramène!... Faites cela, monsieur, et vous aurez bientôt la preuve que non-seulement je ne suis point coupable du crime dont on m'accuse aujourd'hui, mais encore que j'étais innocent du crime qui m'a fait condamner il y a dix ans...
LE BRIGADIER. Que dites-vous?
VAUBARON. La vérité monsieur!... Oui, sur la vie de mon enfant, que ce misérable m'avait volée... je vous jure que je dis la vérité!
BLANCHE, se jetant dans les bras de son père. Ah! mon père!
UN GENDARME, entrant vivement. Brigadier, on vient d'arrêter un homme qui fuyait dans les galeries... il affirme, pour expliquer sa fuite, qu'il voulait se soustraire aux coups des assassins.
LE BRIGADIER, à Vaubaron. Vous entendez... Cet homme prétend qu'il fuyait la mort... Qu'avez-vous à répondre?
(A ce moment Rodille garrotté paraît sur le plateau entre des soldats, des gendarmes et des paysans portant des torches.)
VAUBARON. Rien maintenant... rien, monsieur! (Avec une joie sombre.) Rodille est prisonnier.. Je suis sauvé!.. Viens, ma fille!... Tu pourras embrasser ton père sans rougir! — Le monde entier saura bientôt que le monstre était un martyr, et qu'il n'y avait pas de sang sur ses mains condamnées!..

Neuvième Tableau.

LE CABINET DU PROCUREUR DU ROI, TABLE A DROITE, SIÉGES, ETC.

Au lever du rideau le procureur du roi est assis à la table, son secrétaire est placé derrière lui à un bureau. — Un huissier est debout, attendant près de la porte de gauche.

SCENE PREMIÈRE

M. DE PENARVAN, L'HUISSIER, LE SECRÉTAIRE.

M. DE PENARVAN, à l'huissier. Ils sont là?
L'HUISSIER. Oui, monsieur le procureur du roi.
M. DE PENARVAN. Faites entrer... (L'huissier sort.) Étrange hasard qui ramène devant moi, au fond de la Bretagne, sous le coup d'une seconde accusation plus terrible que la première, l'homme que je faisais condamner à Paris, il y a dix ans!.. Depuis dix ans, un doute involontaire me poursuit... Va-t-il s'évanouir aujourd'hui?
L'HUISSIER, paraissant. Entrez!
(Vaubaron, Paul et Blanche paraissent. Ils s'inclinent devant le procureur du roi.)
BLANCHE, à Vaubaron. Courage, mon père!..

SCÈNE II

VAUBARON, PAUL, M. DE PENARVAN, BLANCHE, LE SECRÉTAIRE, L'HUISSIER.

M. DE PENARVAN, à Vaubaron. Jean Vaubaron, vous m'avez demandé quinze jours pour tenter une suprême épreuve... Au nom de la justice, qui doit s'éclairer à tout prix et par tous les moyens, j'ai accédé à votre demande... Le quinzième jour expire aujourd'hui... Êtes-vous prêt?
VAUBARON. Je suis prêt.
M. DE PENARVAN. Avez-vous réussi?
VAUBARON. Oui.
M. DE PENARVAN. Ainsi, vous espérez encore?
VAUBARON. Plus que jamais...
M. DE PENARVAN. Fasse le ciel que vous ne vous trompiez pas! C'est avec hésitation... c'est avec trouble que je vous ai permis d'agir... Puisse le succès couronner une tentative sans précédents!

VAUBARON. Quoi qu'il advienne, monsieur, soyez béni pour l'intérêt que vous avez daigné témoigner à un malheureux.
BLANCHE. Oh! oui,.. soyez béni, monsieur.
M. DE PENARVAN. J'arrive de Paris, — j'y suis allé pour vous...
VAUBARON. Pour moi?
M. DE PENARVAN. ... J'ai voulu étudier de nouveau toutes les pièces de votre procès... J'ai voulu me rendre compte pour la seconde fois des preuves en vertu desquelles vous avez été condamné il y a dix ans...
VAUBARON, haletant. Eh bien?
M. DE PENARVAN. Eh bien! aujourd'hui comme autrefois, ces preuves me paraissent accablantes!.. La justice des hommes ne pouvait vous absoudre... Et cependant je doute aujourd'hui, moi qui jadis vous croyais si fermement coupable...
VAUBARON, avec une joie profonde. Il doute, Blanche,.. entends-tu bien, mon enfant, il doute!..
M. DE PENARVAN. Rodille vous accuse hautement. Il soutient que Paul Vernier était votre complice... il assure que vous avez assassiné Fritz Horner et Laridon, et que vous avez voulu l'assassiner lui-même, pour vous emparer des monceaux d'or, objets de vos convoitises... — Il rappelle enfin la condamnation prononcée contre vous il y a dix ans, et son implacable logique prétend conclure du crime d'autrefois au crime d'aujourd'hui!..
VAUBARON. Oh! l'infâme!..
M. DE PENARVAN. Mais cette conclusion terrible, comme une arme à double tranchant, se retourne à son insu contre lui.. Il me semble entrevoir dans l'ombre, sous l'entassement formidable de preuves échafaudées contre vous, la main d'un misérable qui se sauvait en vous perdant!... je crois, entendez-vous bien, Jean Vaubaron, je crois à l'existence du mystérieux inconnu, qui dans la nuit du 15 septembre 1830, laissait tomber sur votre établi des billets de banque tachés de sang.
VAUBARON, au comble de l'exaltation. Bonté divine! Blanche, tu l'entends! La vérité va donc briller enfin!... un homme, un magistrat, s'est instruit qui ne me repousse pas comme un assassin!... et cet homme est mon juge!... ma vie et mon honneur sont entre ses mains!... Ah! je suis sauvé! je suis sauvé!...
M. DE PENARVAN. Jean Vaubaron, vous allez trop vite et vous allez trop loin... Oui, je crois, ou plutôt j'espère de toute mon âme que vous êtes innocent; sans cette croyance, pour rien au monde je n'aurais dévié de la ligne de conduite que la loi trace aux magistrats dans l'instruction d'une affaire criminelle, mais ce n'est pas moi seul qu'il s'agit de convaincre.
VAUBARON. Hélas! ce n'est que trop vrai!
M. DE PENARVAN. Pour le crime d'autrefois, comme pour le crime d'hier, il faut que justice soit faite!... Une voix mystérieuse me crie que nous tenons l'assassin du baron de Verville et d'Ursule Renaud... Mais son audace que rien ne déconcerte, son aplomb que rien n'ébranle, me confondent et m'épouvantent!... A vous de le débusquer des ténèbres où il se cache... à vous de lui arracher son masque... à vous de me le livrer enfin, tremblant, désarmé, vaincu!... C'est là ce que vous m'avez promis, Jean Vaubaron, c'est là ce que j'attends de vous!...
VAUBARON. Monsieur le procureur du roi, avec l'aide de Dieu, je le ferai!...
M. DE PENARVAN, se levant. Faites-le donc, et alors, à chacun selon ses œuvres... à lui l'échafaud! à vous la réhabilitation!...
VAUBARON. Oh! merci, merci, monsieur!... vous me rendez le courage dont j'avais tant besoin...
BLANCHE, au procureur. Monsieur, si vous avez une fille, elle doit bien vous aimer!... Laissez-moi presser les mains du protecteur, du sauveur de mon père...
UN GREFFIER, entrant. Monsieur le Procureur du Roi, le prisonnier est dans l'antichambre.
M. DE PENARVAN. (A Vaubaron, lui désignant la porte de droite.) Entrez là? (Vaubaron, Blanche et Paul, s'inclinent devant le procureur du roi et sortent. — A l'huissier.) Introduisez le prisonnier!
(L'huissier sort. — M. de Penarvan revient s'asseoir à son bureau.)

SCÈNE III

LES MÊMES, RODILLE, amené par deux gendarmes qui se retirent.

M. DE PENARVAN, à Rodille. Approchez!
RODILLE. M'est-il permis d'espérer, monsieur le procureur du roi, que cette interminable instruction touche enfin à son dénouement? Je réclame bien haut la liberté dont un incompréhensible malentendu me prive depuis plus de quinze

jours... j'ai dit tout ce que je savais... je n'ai rien à ajouter... Qu'attend-on de moi?... Pourquoi me retient-on?

M. DE PENARVAN. Ainsi, vous affirmez de nouveau que vous n'êtes point coupable du double assassinat commis sur les personnes de Fritz-Horner et de Laridon?

RODILLE. Eh! oui, cent fois oui, je l'affirme! Et bien plus, je le prouve!.. Je suis agent d'affaires, c'est en cette qualité que j'accompagnais le docteur en Bretagne pour m'occuper de ses intérêts... il avait eu connaissance, je ne sais comment, d'un trésor caché sur lequel il comptait mettre la main; je devais servir de prête-nom pour l'acquisition des ruines, et veiller à ce que tout se passât d'une façon régulière et légale. Dès notre première visite nocturne au trésor en question, nous avons été assaillis par des bandits; le docteur Horner et le sieur Laridon, son associé, ont péri et j'ai dû m'enfuir au plus vite pour éviter la mort...

M. DE PENARVAN. Et vous ne connaissez pas vos prétendus agresseurs?

RODILLE. Un seul... Paul Vernier... il avait été mon secrétaire... il est devenu mon ennemi parce que j'aimais une jeune fille dont il était lui-même épris.

M. DE PENARVAN. Et cette jeune fille, Blanche Vaubaron, nierez-vous l'avoir enlevée de la maison du docteur Horner?... Nierez-vous avoir été au moment de l'empoisonner?

RODILLE. Oui, certes, je le nierai?... je repousse une telle accusation! Blanche est la maîtresse de Paul Vernier... Ils s'entendent afin de me perdre... mais à toutes leurs calomnies, je réponds : Donnez des preuves!

M. DE PENARVAN. Blanche Vaubaron était depuis dix ans dans la maison du docteur Horner... Savez-vous par qui elle y avait été conduite?

RODILLE. Non, monsieur... J'ignorais même le nom de l'enfant... Horner la disait sa nièce...

M. DE PENARVAN. Enfin, pour la dernière fois, vous niez tout?

RODILLE. Je nie tout, je nie de toutes mes forces et de tout mon pouvoir!... Je proteste contre mon arrestation et je réclame la liberté?

(La porte de droite s'ouvre et Vaubaron paraît sur le seuil, suivi de Blanche et de Paul.)

SCÈNE IV

M. DE PENARVAN, RODILLE, L'HUISSIER, VAUBARON, LE SECRÉTAIRE, PAUL, BLANCHE.

VAUBARON. Et moi, je vous dis que cet homme a menti!
RODILLE, à part, en tressaillant. Lui!
VAUBARON, à Rodille. Je dis qu'il y a dix ans que vous avez enlevé Blanche de ma maison en deuil, pour la vendre au docteur Horner.
RODILLE, avec calme. Cet homme est fou!
VAUBARON. Je dis que la nuit du 15 septembre 1830, après le double meurtre commis par vous, vous vous êtes introduit chez moi, pour achever votre œuvre infernale ! Votre visage était déguisé, mais j'entendis votre voix, et je vous jurai de la reconnaître partout.. J'ai tenu ma parole... et je vous crie : « Rodille, vous êtes un misérable !... Rodille, » vous êtes un assassin ! »

RODILLE, dédaigneux. Et moi, je réponds : Je suis innocent !
VAUBARON. Innocent ! vous innocent ! en face de vos victimes, oseriez-vous le soutenir?

RODILLE. Je l'oserais en face de Dieu lui-même! Et si la tombe pouvait lâcher sa proie, si les cadavres pouvaient parler, ceux dont un insensé m'accuse d'être l'assassin, diraient que je suis innocent...

VAUBARON. Évoquez-les donc !... Évoquez-les ceux-là ! Dieu permettra peut-être un miracle !...

RODILLE. A quoi bon?... La mort est implacable et la tombe reste muette...

VAUBARON. Pas toujours! L'enfer ou le ciel envoyent parfois leurs spectres sur la terre? Fritz Horner et le baron de Verville, Ursule et Laridon peuvent revivre, évoqués par vous ou contre vous ! Je les appelle, moi qui ne tremble pas !... Je les adjure de m'absoudre ou de me condamner. Les voilà !... les reconnaissez-vous ?...

(Vaubaron remonte vivement au fond et écarte deux panneaux de boiseries qui laissent voir une grande salle tendue de noir. — Au milieu de cette salle est placée une large estrade sur laquelle sont groupées des figures de cire. Ursule Renaud, dans un fauteuil et la main étendue vers Rodille. — Le baron de Verville couché sur un lit en velours rouge, le bras également tendu vers Rodille. A côté d'eux, dans la même attitude, se trouvent Fritz Horner et Laridon. — Le baron de Verville porte une large blessure à la gorge*.

RODILLE, pâle d'épouvante. Ah !
VAUBARON. Regarde et écoute, misérable! Leurs mains étendues te désignent... leurs lèvres glacées te crient comme moi : Assassin ! assassin !

RODILLE, tombant à genoux et cachant sa tête dans ses mains. J'avoue !... J'avoue !... mais éloignez de moi ces fantômes !...

M. DE PENARVAN. Ainsi, tous ces crimes?...
RODILLE. Je les ai commis tous !... encore une fois, j'avoue... j'ai mérité la mort, tuez-moi, mais par pitié, chassez ces spectres... C'est l'enfer !... J'ai peur !.. j'ai peur !...
VAUBARON. Enfin !... (Au procureur du roi.) Vous le voyez, monsieur... J'étais innocent !... Il s'est trahi lui-même !...
RODILLE. Je suis perdu !
PAUL et BLANCHE, se jetant dans les bras de Vaubaron. Mon père... mon père... que Dieu soit béni !
VAUBARON. Ma Blanche bien-aimée, tu pourras relever la tête !...
M. DE PENARVAN. Jean Vaubaron, je le jure, vous serez réhabilité !...

---

* Ces quatre personnages doivent être, non des mannequins et des figures de cire, mais les acteurs eux-mêmes, grimés comme le Banco de *Macbeth* à l'Odéon, en 1863.

FIN.

www.ingramcontent.com/pod-product-compliance
Lightning Source LLC
Chambersburg PA
CBHW070457080426
4245ICB000258/2773